Sport und Aggression

Thema: Sport

Formen und Probleme des Sports in unserer Welt

Materialien
für den Sportunterricht
in der Sekundarstufe II

Herausgegeben im Auftrag des Kultusministers des Landes
Nordrhein-Westfalen mit Unterstützung des Bundesministers
für Bildung und Wissenschaft

Dietrich R. Quanz (Projektleiter)
Rolf Geßmann
Norbert Schulz
Helmut Zimmermann

Helmut Zimmermann

Sport und Aggression

Bagel · Düsseldorf

Mit der Vereinbarung zur Neugestaltung der gymnasialen Oberstufe in der Sekundarstufe II vom 7. Juli 1972 hat die Kultusministerkonferenz die Einrichtung des Leistungsfaches Sport in allen Bundesländern eröffnet und damit sowohl „Sportwissenschaftliche Teile" als auch schriftliche Leistungsüberprüfungen im Sportunterricht gefordert.
Auf diesen Bedarf hin sind die vorliegenden Arbeitsmaterialien ausgerichtet. Die didaktische Konzeption der Einzelbände sowie der Gesamtreihe entwickelten die Mitglieder der Entwicklungs- und Forschungsgruppe Leverkusen (Dietrich R. Quanz, Rolf Geßmann, Eckhard Meinberg, Helmut Zimmermann, Klaus-Dieter Menzer, Norbert Schulz). Das Kultusministerium des Landes Nordrhein-Westfalen machte dieses Konzept zur Grundlage eines Modellversuchs der Bund-Länder-Kommission für Bildungsplanung, der in den Jahren 1974–1977 vom Bundesministerium für Bildung und Wissenschaft sowie vom Kultusministerium des Landes Nordrhein-Westfalen unterstützt und über den Verein für Unterrichtsforschung Köln e. V. abgewickelt wurde.

© 1984 Pädagogischer Verlag Schwann-Bagel GmbH, Düsseldorf
1. Auflage 1975, erschienen im August Bagel Verlag, Düsseldorf
Alle Rechte vorbehalten
Herstellung Lengericher Handelsdruckerei,
Jürgen Bossemeyer GmbH & Co. KG, 4540 Lengerich/Westf.
6 5 4 / 86 85 84
Gesetzt aus der Holsatia, System Digiset
Typographie und Einbandgestaltung Peter Krolow, Düsseldorf
Printed in Germany 1977
Vertrieb in der Freien Hansestadt Hamburg durch
Verlag Erziehung und Wissenschaft, Hamburg
Alleinige Auslieferung für das Land Bayern durch
C. C. Buchners Verlag, Bamberg
Best.-Nr. 8503
ISBN 3-590-54603-4

Inhaltsverzeichnis

Seite

Einführung 6

A. Grundzüge verschiedener Aggressionstheorien
   I. Die Frustations-Aggressions-Hypothese 7
   II. Das triebtheoretische Modell 11
      1. Innerartliche Aggression bei Tier und Mensch 11
      2. Maßnahmen gegen die Aggression. 14
   III. Die Theorie des Modell-Lernens 17
   IV. Ein physiologisches Modell der Aggression. 21

B. Aggression im Sport
   I. Sehweisen und Definitionen 27
   II. Unsportliches Verhalten als Ausdruck von Aggressivität 30
   III. Konflikt und Leistung 36
   IV. Manipulation der Aggression 38
   V. Gesellschaftliche Bedingungen der Aggressivität. 39
   VI. Ventilfunktion des Sports 41
   VII. Kritik an der triebtheoretischen Funktion des Sports 44
   VIII. Aggressives Zuschauerverhalten 48
   IX. Identifikation und Aggression 50

C. Kontrolle sportlich aggressiven Verhaltens
   I. Die Satzungen der Vereine und Verbände 55
   II. Sportrecht und Sporthaftungsrecht 66
   III. Der Fairneßgedanke im Sport 73
   IV. Statements 79

Quellenverzeichnis 81

Abbildungsnachweis 83

Einführung

Zur Frage der Aggression sind in den letzten Jahren eine Vielzahl von Veröffentlichungen erschienen. Neben den Arbeiten aus dem Bereich der Wissenschaft zeigen auch die Kommentare in den Massenmedien die Aktualität des Themas. Sport kommt in diesem Zusammenhang zumeist dort in den Blick, wo nach Ursachen und Lösungen für aggressive Verhaltensweisen beim Menschen gesucht wird. Dabei können bei der Einschätzung des Sports durchaus extreme Positionen festgestellt werden. Einmal wird Sport von seinem Wesen her als schlechthin aggressiv verstanden, der zudem aggressiv macht. Demgegenüber steht die Auffassung, daß Sport gerade ein Beweis für die Fähigkeit des Menschen sei, Aggressionen zu beherrschen. Hier gilt der Sport als ein ideales Instrument der Aggressionsableitung.

Die Reichweite wissenschaftlicher Theorien zur Aggression ist vielfach dadurch begrenzt, daß sie für dieses Phänomen eine einzige Ursache angeben. Die Ergebnisse empirischer Untersuchungen scheinen nämlich immer einem solchen monokausalen Ansatz zu widersprechen.

Eine Hauptschwierigkeit zur Erklärung des Phänomens der Aggression ist methodischer Art. Den meisten Untersuchungen gelingt es nicht, exakt und methodisch brauchbar zu definieren, welches Verhalten als Aggression zu identifizieren ist. Sehr weit gefaßte Definitionen kennzeichnen schon ein Verhalten als aggressiv, bei dem ein Individuum sich mit durchaus legalen und gesellschaftlich unschädlichen Mitteln behaupten will. Enger gefaßte Definitionen sprechen nur dann von Aggression, wenn ein Verhalten schädigende Folgen hat, vom Schädiger beabsichtigt war und vom Opfer auch als Beschädigung empfunden wird.

Für die Aggressionsforschung ist Sport ein interessantes Untersuchungsfeld, weil auf den ersten Blick der Mensch hier noch aus sehr ursprünglichen Antrieben zu handeln scheint. Wenn es hier gelingt, die Ursachen aggressiven Verhaltens aufzudecken, könnten vorbeugende und therapeutische Maßnahmen gefunden werden, mit denen Aggression als gesamtgesellschaftliches Phänomen beeinflußt werden kann. Das könnte auch zur Konsequenz haben, daß Kontrollmaßnahmen zur Eindämmung aggressiven Verhaltens im Sport verschärft werden oder Sport Veränderungen erfahren muß.

Die Darstellung dieser Zusammenhänge erfolgte in 3 Kapiteln mit unterschiedlichen Schwerpunkten. Im Kapitel A werden 4 Theorien auszugsweise vorgestellt, in denen nur gelegentlich ein Bezug zum Sport hergestellt ist. Im Kapitel B werden die Theorien daraufhin befragt, inwieweit sie hinreichen, aggressives Verhalten im Sport zu erklären. Daneben sind streng auf Sport bezogene Untersuchungen aufgeführt, wobei vor allem die methodischen Schwierigkeiten in den Blick kommen. Kapitel C geht von der Voraussetzung aus, daß es Aggressionen im Sport gibt, und zeigt an Beispielen auf, wie mit kontrollierenden Maßnahmen formeller und informeller Art hierauf reagiert wird.

Die Auswahl und Anordnung des Materials geschah in der Absicht, die Offenheit der Standpunkte und Fragestellungen sichtbar zu machen und zu erhalten. Nur so verfügt der Schüler über die Möglichkeit, sich eine eigene Einstellung zur Frage der Aggression im Sport zu erarbeiten.

A. Grundzüge verschiedener Aggressionstheorien
I. Die Frustrations-Aggressions-Hypothese

1 Das Problem der Aggression hat eine Vielzahl von Aspekten. Man erlebt Schwierigkeiten, sich selbst zu beherrschen, und beobachtet, wie andere einen unbewußten Kampf mit ihren Affekten austragen. Man befürchtet berechtigte Vergeltung oder ist betroffen und verletzt durch harte Kritik oder einen Angriff, dem man sich unerwartet gegenübersieht. Kinder tun sich oft darin hervor, ihre Eltern durch hinterhältige Streiche oder einen plötzlichen Jähzornsausbruch zu verärgern. Hilflose Minderheiten werden verfolgt. Menschen, die in anderen Situationen nett und freundlich sind, zeigen innerhalb einer erregten Menge, die Lynchjustiz übt, eine Grausamkeit und Unerbittlichkeit, die man von ihnen nicht erwartet hätte. Primitive Stämme erschlagen einander, und selbst die Zivilisation wird durch die Aussicht neuer und immer verheerenderer Kriege in Schrecken versetzt.

Das grundlegende Postulat
Den Ausgangspunkt unserer Untersuchung bildet die folgende Annahme: *Aggression ist immer die Folge einer Frustration.* Spezifischer: Das Auftreten von aggressivem Verhalten setzt immer die Existenz einer Frustration voraus, und umgekehrt führt die Existenz einer Frustration immer zu irgendeiner Form von Aggression. Geht man von alltäglichen Beobachtungen aus, erscheint es plausibel anzunehmen, daß die gewöhnlich beobachteten Formen aggressiven Verhaltens immer rückführbar auf und verursacht sind durch irgendeine Art von Frustration. Jedoch ist es keinesfalls so offensichtlich, daß Aggression in irgendeiner Form und von einem gewissen Intensitätsgrad unausweichlich auftritt, wann immer eine Frustration vorausgeht. Häufig beobachtet man bei Erwachsenen und selbst bei Kindern, daß sie sich unmittelbar nach einer Frustration anscheinend mit der Situation abfinden und sich ihr anpassen, so daß man vergebens nach denjenigen relativ faßbaren Anzeichen sucht, die gewöhnlich als charakteristisch für eine aggressive Handlung betrachtet werden. Man darf jedoch nicht vergessen, daß eine der ersten Lektionen, die der Mensch auf Grund des sozialen Zusammenlebens lernt, darin besteht, seine offenen aggressiven Reaktionen unter Kontrolle zu bringen. Dies bedeutet jedoch nicht, daß solche Reaktionstendenzen dadurch beseitigt werden; vielmehr findet man, daß diese Reaktionen nicht zerstört werden, obgleich sie vorübergehend komprimiert, verzögert, entstellt, verschoben oder sonst irgendwie von ihrem unmittelbaren und logischen Ziel abgelenkt werden. Mit der Annahme, daß auf eine Frustration unausweichlich Aggression folgt, ist es möglich, eine Vielfalt verschiedener Fakten, die bisher als mehr oder weniger isolierte Phänomene angesehen wurden und viele Beispiele menschlichen Verhaltens, die gewöhnlich leichtfertig als irrational, pervers oder anormal abgetan worden sind, einsichtig zu machen.

Die Plausibilität der hier aufgestellten systematischen Position, die auf den folgenden Seiten noch weiter entwickelt werden wird, ist in hohem Maße abhängig von der formalen Definition von Frustration, Aggression und bestimmter verwandter Begriffe. Es wird der Versuch unternommen, die Begriffe mit einem möglichst hohen Grad von Exaktheit und operationaler Spezifität zu versehen. Die formale Terminologie innerhalb dieses Bereiches ist indes noch so jung und wenig feststehend, daß wenigstens in ergänzender Weise auf den Gebrauch denotativer Beispiele zurückgegriffen werden soll, um die intendierten Bedeutungen zu vermitteln. In diesem und in folgenden Kapiteln wird daher häufig auf veranschaulichendes Material zurückgegriffen; dieses Vorgehen soll jedoch keinesfalls Beweise für die zu verdeutlichenden Thesen konstituieren. Es fehlt nicht völlig an beweiskräftigerem Material, das gelegentlich referiert werden wird; jedoch sollte selbst auch dieses nur als Hinweis, nicht als Beweis betrachtet werden. Tatsächlich kann das ganze Anliegen und Ziel dieses Buches einfach verstanden werden als eine Untersuchung logischer und empirischer Art der Implikationen und Anwendungsmöglichkeiten einer bestimmten Hypothese, die trotz ihrer augenscheinlichen Plausibilität und Brauchbarkeit nur als eine *Hypothese* angesehen werden sollte. [. . .]

Die Bereitschaft zur Aggression
[. . .] Wenn einer großen Vielfalt aggressiver Reaktionen die freie Äußerung verwehrt wird, sollte man erwarten, daß eine konstante Instigation zu andersartigen Aggressionssequenzen besteht. Das scheint tatsächlich der Fall zu sein. Es ist zu beachten, daß die Unterdrückung von Aggression innerhalb einer befriedeten Zone geschieht, die Sumner [. . .] als Eigengruppe bezeichnet hat. Das Verhalten, das als aggressiv zu gelten hat, wird durch die Kultur dieser Eigengruppe definiert, und jedes ihrer Mitglieder lernt, aggressive Handlungen zu identifizieren. Es ist grundlegend für das Überleben der Gesellschaft, daß antisoziale Handlungen gegen Mitglieder der Eigengruppe wie z. B. Familienmitglieder, Schulfreunde, Mitbürger, die Polizei, Führer der Nation und Generäle weitgehend gehemmt werden.
Es gibt jedoch Ersatzziele, auf die hin Aggression innerhalb unserer Gesellschaft verschoben werden kann. Beispiele solcher Ziele von Aggressionsverschiebungen umfassen den Schurken, der uns ständig in Filmen oder Detektivgeschichten vorgesetzt wird, Minoritäten wie die Juden oder einwandernde Ausländer und rassische Gruppen wie die Neger. ,,Faschisten" oder ,,Kommunisten" werden oft in einem Maße gehaßt, das in keinem Verhältnis zu ihrer tatsächlichen Gefährlichkeit für unser System steht.
[. . .]
Bei zwei Gruppen von Kindern, deren eine ,,autokratisch", die andere ,,demokratisch" gelenkt wurden, zeigten die Kinder der autokratischen Gruppe auffallend größere Feindseligkeit innerhalb der Eigengruppe. Dies scheint die Schlußfolgerung zuzulassen, daß der ,,autokratische" Anführer diese amerikanischen Kinder frustrierte und Instigation zu aggressiven Reaktionen hervorrief, die sie ihm gegenüber zu äußern sich fürchteten. Das Ergebnis war eine Verschiebung der Aggression von der Person des Anführers auf andere Kinder der Gruppe und die Schaffung von ,,Sündenböcken".
Trotz Polizei und Soldaten bricht Aggressionsverhalten in Verbrechen und Fällen von Lynchjustiz hervor; es tritt auch bei einigen Sportarten auf, an denen weitverbreitet starker Anteil genommen wird, wie etwa Football und Ringkampf. In jeder sich selbst abschirmenden und verteidigenden Klasse oder in Cliquenbildungen bietet sich

gleichfalls Gelegenheit zur Aggression gegenüber denen, die nicht dazugehören, aber doch Einlaß begehren. Strafprozesse und die Bestrafung Krimineller werden oft begierig verfolgt und schaffen Gelegenheit, die Aggressionsneigungen zu realisieren, indem Haß gegen Verbrechen und Verbrecher geäußert wird. Als ein Ergebnis ihrer Lebenserfahrung wird jede Person in höherem oder geringerem Maße die Fähigkeit, Frustrationen zu „tolerieren", in ihr Leben als Erwachsener hineintragen und an einem bestimmten Punkt auf der Dimension der „Bereitschaft zur Aggression" in frustrierenden Situationen stehen. Einige Menschen sind schnell zum Haß bereit, und jede kleinste Provokation im Erwachsenenleben dient als willkommener Anlaß, eine Flut aggressiver Reaktionen hervorbrechen zu lassen. Andere wieder brauchen lange, ehe sie hassen, und werden leichter damit fertig, in frustrierenden Situationen „abzuwarten". Vermutlich sind dies diejenigen, deren Erfahrung dazu geführt hat zu erwarten, daß der Frustration einer bestimmten Zielreaktion bald eine befriedigende Reihe von Ersatzreaktionen nachfolgen wird. Wahrscheinlich sind diejenigen, die am stärksten die Tendenz zeigen, jede Frustration sofort mit offener Aggression zu beantworten, jene Menschen, die – auf der Grundlage in der Vergangenheit gemachter Erfahrungen – nicht gelernt haben, daß sich eine belohnende Alternativreaktion ergeben wird; oder sie leiden anhaltend durch ihnen selbst verborgenen Quellen schwerer Frustration, die sich mit denen summiert, deren Ursprung der Beobachtung leichter zugänglich ist. Diejenigen, die augenblicklich bereit sind, auf die leichteste Frustration oder deren bloße Antizipation hin mit extremer Feindseligkeit zu antworten, machen einen beträchtlichen und wichtigen Teil innerhalb der Bevölkerung aus und geben jeder sozialen Bewegung, an der sie sich beteiligen, einen hyperaktiven Charakter. Es ist daran zu denken, daß in jeder Nation eine große Anzahl von Menschen lebt, die ständig das Bedürfnis nach einer Person, einer Idee oder einer Gruppe haben, gegen die sie Aggression zum Ausdruck bringen können.

Aggression gegen die Fremdgruppe

Wie Sumner gezeigt hat, scheinen Frieden im Inneren der „Wir-Gruppe" und Feindschaft gegen die Gruppe der „Anderen" korrelative Faktoren zu sein. Die Vermutung liegt hier nahe, daß diese Faktoren in einer dynamischen Beziehung zueinander stehen und aggressive Reaktionen oft nur von Mitgliedern der Eigengruppe verschoben werden und Ersatzziele in der Fremdgruppe finden, d. h. in solchen „halb-menschlichen" oder „unmenschlichen" Individuen, die nicht denselben Sitten und Gebräuchen huldigen wie wir. Dies ist ein eindeutiges Beispiel für die Verschiebung einer ursprünglich auf die Eigengruppe gerichteten aggressiven Reaktion. Verschiebung der Aggression auf rassische Gruppen oder Kinoschurken innerhalb der Gesellschaft ist jedoch offenbar nicht hinreichend, um eine vollkommene Katharsis zu bewirken. Die chronische Belastung durch die der Eigengruppe immanente Frustration ist zu schwerwiegend, als daß dies möglich werden könnte. Wie es sich trifft, werden statt dessen Angehörige von Fremdgruppen bezichtigt, für Frustrationen verantwortlich zu sein, die in Wirklichkeit allein das Leben in der Gruppe selbst mit sich brachte; so wird eine Unmenge aggressiver Reaktionen auf jene übertragen.

Dollard, Miller u. a.

Erläuterungen:

14 **Frustration:** erzwungener Verzicht auf die Erfüllung von Strebungen und Bedürfnissen, Enttäuschung
41 **operationale Spezifität:** Art der Beschreibung eines Begriffes, die es möglich macht, ein Verhalten relativ leicht mit ihm zu identifizieren
43 **denotativ:** Begriff aus der Sprachtheorie, hier: erläuternd
51 **Implikation:** Einschließung
51 **Hypothese:** wissenschaftlich begründete Annahme, die noch bewiesen werden muß (Arbeitshypothese)

56 **Instigation:** Bereitschaft, Antriebshaltung zu einer bestimmten Reaktion
56/57 **Aggressionssequenzen:** Abfolge von aggressiven Handlungen, die ihrerseits wieder aus Teilhandlungen bestehen
105 **Antizipation:** gedankliche Vorwegnahme, Erwartung
121/122 **Katharsis:** griech. „Reinigung", das Abreagieren von gestauten oder verdrängten Gefühlen/Trieben

---

1. Wie wird die Tatsache erklärt, daß viele Menschen sich mit einer Enttäuschung abfinden, ohne sofort aggressiv zu reagieren?
2. Welche Beispiele im Text lassen erkennen, daß es sich bei der Aggression um ein soziales Phänomen handelt, welches das Verhalten von Mitgliedern derselben Gesellschaft zueinander bestimmen kann?
3. Welche Funktion haben Fremdgruppen für die Eigengruppe?
4. Übertragen Sie das Modell von Fremdgruppe und Eigengruppe auf Verhältnisse im Sport.
5. Welche Arten von Personen werden hinsichtlich der Fähigkeit unterschieden, Frustrationen zu tolerieren bzw. „abzuwarten"?
6. Wie lautet die zentrale These des Textes?
7. Erläutern Sie, von welchen Voraussetzungen die „Plausibilität" (Zeile 37ff.) der Hypothese abhängig gemacht wird, und ziehen Sie hierzu auch die Annahmen und Überlegungen des vorhergehenden Abschnitts heran.

II. Das triebtheoretische Modell

1. Innerartliche Aggression bei Tier und Mensch

2 [...] die inner-artliche Aggression, die Aggression im eigentlichen und engeren Sinne des Wortes, vollbringt eine arterhaltende Leistung. Auch in bezug auf sie kann und muß die Darwinsche Frage „wozu?" gestellt werden. Dies wird so manchem nicht unmittelbar einleuchten und [...] leicht als der frevelhafte Versuch
5 einer Apologie des lebensvernichtenden Prinzips, des Bösen schlechthin, erscheinen. Der normale Zivilisationsmensch bekommt ja echte Aggression meistens nur dann zu sehen, wenn zwei seiner Mitbürger oder seiner Haustiere sich in die Wolle kriegen, und sieht so begreiflicherweise nur die üblen Auswirkungen solchen Zwistes. Dazu kommt die wahrhaft erschreckende Reihe fließender Übergänge, die von zwei
10 Hähnen, die auf dem Mist raufen, weiter aufwärts führt, über Hunde, die sich beißen, Buben, die sich abwatschen, Burschen, die einander Bierkrügel auf die Köpfe hauen und weiter aufwärts zu schon ein wenig politisch getönten Wirtshausraufereien bis schließlich zu Kriegen und Atombomben.
Wir haben guten Grund, die intraspezifische Aggression in der gegenwärtigen kultur-
15 historischen und technologischen Situation der Menschheit für die schwerste aller Gefahren zu halten. Aber wir werden unsere Aussichten, ihr zu begegnen, gewiß nicht dadurch verbessern, daß wir sie als etwas Metaphysisches und Unabwendbares hinnehmen, vielleicht aber dadurch, daß wir die Kette ihrer natürlichen Verursachung verfolgen. Wo immer der Mensch die Macht erlangt hat, ein Naturgeschehen willkür-
20 lich in bestimmter Richtung zu lenken, verdankt er sie seiner Einsicht in die Verkettung der Ursachen, die es bewirken. Die Lehre vom normalen, seine arterhaltende Leistung erfüllenden Lebensvorgang, die sogenannte Physiologie, bildet die unentbehrliche Grundlage für die Lehre von seiner Störung, für die Pathologie. Wir wollen also für den Augenblick vergessen, daß der Aggressionstrieb unter den Lebensbedin-
25 gungen der Zivilisation sehr gründlich „aus dem Gleise geraten" ist, und uns möglichst unbefangen der Erforschung seiner natürlichen Ursachen zuwenden. Als gute Darwinisten und aus bereits ausführlich dargestellten guten Gründen fragen wir zunächst nach der arterhaltenden Leistung, die das Kämpfen gegen Artgenossen unter natürlichen, oder besser gesagt vorkulturellen, Bedingungen vollbringt und die
30 jenen Selektionsdruck ausgeübt hat, dem es seine hohe Entwicklung bei so vielen höheren Lebewesen verdankt. Es sind ja keineswegs nur die Fische, die in der bereits geschilderten Weise ihre Artgenossen bekämpfen, die große Mehrzahl aller Wirbeltiere tut es ebenso.
Die Frage nach dem Arterhaltungswert des Kämpfens hat bekanntlich schon Darwin
35 selbst gestellt und auch schon eine einleuchtende Antwort gegeben: Es ist für die Art, für die Zukunft, immer von Vorteil, wenn der stärkere von zwei Rivalen das Revier oder das umworbene Weibchen erringt. Wie so oft, ist diese Wahrheit von gestern zwar keine Unwahrheit, aber doch nur ein Spezialfall von heute, und die Ökologen haben in jüngerer Zeit eine noch viel wesentlichere arterhaltende Leistung der
40 Aggression nachgewiesen. Ökologie kommt von griechisch οἶκος, das Haus, und ist

die Lehre von den vielfältigen Wechselbeziehungen, die zwischen dem Organismus und seinem natürlichen Lebensraum, seinem „Zu-Hause", bestehen, zu dem natürlich auch alle anderen, ebenfalls dort lebenden Tiere und Pflanzen zu rechnen sind. Wenn nicht etwa die Sonder-Interessen einer sozialen Organisation ein enges Zusammenleben fordern, ist es aus leicht einsehbaren Gründen am günstigsten, die Einzelwesen einer Tierart möglichst gleichmäßig über den auszunutzenden Lebensraum zu verteilen. In einem Gleichnis aus dem menschlichen Berufsleben ausgedrückt: Wenn in einem bestimmten Gebiet auf dem Lande eine größere Anzahl von Ärzten oder Kaufleuten oder Fahrradmechanikern ihr Auslangen finden soll, werden die Vertreter jedes dieser Berufe gut daran tun, sich möglichst weit weg voneinander anzusiedeln.

Die Gefahr, daß in einem Teil des zur Verfügung stehenden Biotops eine allzu dichte Bevölkerung einer Tierart alle Nahrungsquellen erschöpft und Hunger leidet, während ein anderer Teil ungenutzt bleibt, wird am einfachsten dadurch gebannt, daß die Tiere einer Art einander *abstoßen*. Dies ist, in dürren Worten, die wichtigste arterhaltende Leistung der intraspezifischen Aggression.

[. . .] Daß gerade in den innigsten persönlichen Bindungen, die es zwischen Lebewesen überhaupt gibt, ein gerütteltes Maß von Aggression steckt, ist eine Tatsache, von der man nicht weiß, ob man sie als ein Paradoxon oder als einen Gemeinplatz bezeichnen soll. Indessen muß noch sehr viel anderes gesagt werden, ehe wir auf diese zentralen Probleme unserer Naturgeschichte der Aggression zu sprechen kommen. Die wichtige Leistung, die von der Aggression in der demokratischen Wechselwirkung der Antriebe innerhalb der Ganzheit des Organismus vollbracht wird, ist nicht leicht zu verstehen und noch weniger leicht darzustellen.

Was dagegen schon an dieser Stelle geschildert werden kann, ist die Rolle, die der Aggression im Gefüge einer übergeordneten und dennoch leichter zu verstehenden Systemganzheit zufällt, nämlich innerhalb der aus vielen Individuen zusammengesetzten Gesellschaft sozialer Tiere. Ein Ordnungsprinzip, ohne das sich ein organisiertes Gemeinschaftsleben höherer Tiere offenbar nicht entwickeln kann, ist die sogenannte *Rangordnung*.

Sie besteht ganz einfach darin, daß von den in einer Gemeinschaft lebenden Individuen jedes einzelne weiß, welches stärker und welches schwächer ist als es selbst, so daß sich jedes von dem Stärkeren kampflos zurückziehen und seinerseits von dem Schwächeren erwarten kann, daß dieser kampflos weicht, wann immer eins dem anderen in den Weg kommt. Schjelderup-Ebbe hat als erster das Rangordnungsphänomen an Haushühnern untersucht und von „Hackordnung", englisch „pecking order", gesprochen, ein Ausdruck, der sich vor allem in der englischen Fachliteratur bis heute erhalten hat. Es wirkt auf mich stets etwas komisch, wenn man von „pecking order" bei großen Säugern spricht, die sich nicht hacken, sondern beißen oder mit den Hörnern stoßen. Die weite Verbreitung der Rangordnung spricht, wie schon angedeutet, eine beredte Sprache für ihren großen Arterhaltungswert, und wir müssen uns daher die Frage vorlegen, worin dieser eigentlich besteht.

Die nächstliegende Antwort ist natürlich, daß sie Kampf zwischen den Mitgliedern der Gemeinschaft vermeidet, worauf man allerdings die Gegenfrage stellen kann, wes-
85 halb dann nicht besser die Aggressivität zwischen den zur Sozietät gehörigen Individuen unter Hemmung gesetzt werde. Auf diese Frage hinwiederum lassen sich eine ganze Reihe von Antworten geben.
Erstens kann, [...] durchaus der Fall eintreten, daß eine Sozietät, etwa ein Wolfsrudel oder eine Affenherde, der Aggressivität gegen andere, gleichartige Gemeinschaften
90 dringend bedarf und daß das Kämpfen nur *innerhalb* der Horde vermieden werden muß. Zweitens aber können die Spannungsverhältnisse, die durch den Aggressionstrieb und durch seine Auswirkung, die Rangordnung, innerhalb der Gemeinschaft entstehen, dieser eine in vielen Hinsichten segensreiche Struktur und Festigkeit verleihen. Bei den Dohlen, und wohl bei vielen anderen sehr sozialen Vögeln, führt
95 die Rangordnung unmittelbar zum Schutz des Schwächeren. Da jedes Individuum stets bestrebt ist, seine Stellung im Rang zu verbessern, herrscht zwischen den unmittelbar über- bzw. untereinander stehenden Individuen stets eine besonders große Spannung, ja Feindseligkeit, und diese ist umgekehrt um so geringer, je weiter zwei Tiere rangmäßig voneinander entfernt sind. Da nun aber ranghohe Dohlen, vor
100 allem Männchen, sich unbedingt in jeden Streit zwischen zwei Untergebenen einmischen, hat diese abgestufte Verschiedenheit sozialer Spannung die erwünschte Folge, daß die höher-rangige Dohle in den Kampf stets zugunsten des jeweils Unterlegenen eingreift, scheinbar nach dem ritterlichen Prinzip „Wo es Stärkere gibt, auf Seite des Schwächeren!" [...].

Konrad Lorenz

Erläuterungen

3 **Darwin:** Charles Darwin, 1809–1882, engl. Naturforscher. D. ist der Begründer der Abstammungslehre, nach der die höheren Arten der Lebewesen Ergebnis einer Auswahl (Selektion) positiver Eigenschaften sind. Diese Auswahl erfolgt sowohl innerhalb einer Art als auch im Hinblick auf die Anpassung und das Überleben verschiedener Lebewesen unter der Einwirkung von Umweltbedingungen. Nach D. haben Mensch und Affe gemeinsame Vorfahren

5 **Apologie:** griech. Rechtfertigung, Verteidigung
14 **intraspezifisch:** innerartlich
40 οἶκος : lies: oikos
91/92 **Aggressionstrieb:** angeborene Bereitschaft zu Vollzugs- und Handlungsweisen/innere Bereitschaft zu Instinkthandlungen
52 **Biotop:** Lebensraum
85 **Aggressivität:** überdauernde „feindselige" Haltung; im Gegensatz zu Aggression als „feindselige" Handlungsweise

1. Wie begründet Lorenz die positive Funktion, welche die innerartliche Aggression für eine Gesellschaft von Lebewesen hat?
2. Erläutern Sie an einem Beispiel aus der Ökologie die Wirkungsweise des Aggressionstriebes! (Zeile 40 ff.).
3. Was versteht Lorenz unter dem Begriff „Hackordnung", und wie kann man die Prägung dieses Begriffes erklären?
4. In Zeile 23 ff. spricht Lorenz davon, daß der Aggressionstrieb unter dem Einfluß der Zivilisation „aus dem Gleise geraten" sei. Versuchen Sie zu erläutern, welchen Sachverhalt Lorenz dabei im Auge hat (vgl. hierzu die Aussagen Wiemanns in Kap. B).

2. Maßnahmen gegen die Aggression

Die erste und selbstverständlichste Vorschrift ist schon im Γνῶθι σαυτόν ausgesprochen: es ist die Forderung nach Vertiefung unserer Einsicht in die Ursachenketten unseres eigenen Verhaltens. Die Richtungen, in denen eine angewandte Verhaltenslehre sich wahrscheinlich entwickeln wird, beginnen sich schon abzuzeichnen. Die eine ist die objektiv-physiologische Erforschung der Möglichkeit, die Aggression in ihrer ursprünglichen Form an Ersatzobjekten abzureagieren, wir wissen jetzt schon, daß es bessere gibt als leere Karbid-Kanister. Die zweite ist die Untersuchung der sogenannten Sublimierung mit den Methoden der Psychoanalyse; man darf erwarten, daß auch diese spezifisch menschliche Form der Katharsis viel zur Entspannung gestauten Aggressionstriebes beitragen wird.

Auch auf seinem heutigen, bescheidenen Stande ist unser Wissen über die Natur der Aggression nicht ganz ohne Anwendungswert. Als solcher ist es schon zu werten, wenn wir mit Sicherheit zu sagen vermögen, was *nicht* geht. Zwei naheliegende Versuche, der Aggression zu steuern, sind nach allem, was wir über Instinkte im allgemeinen und die Aggression im besonderen wissen, völlig hoffnungslos. Man kann sie erstens ganz sicher nicht dadurch ausschalten, daß man auslösende Reizsituationen vom Menschen fernhält, und man kann sie zweitens nicht dadurch meistern, daß man ein moralisch motiviertes Verbot über sie verhängt. Beides wäre ebenso gute Strategie, als wollte man dem Ansteigen des Dampfdruckes in einem dauernd geheizten Kessel dadurch begegnen, daß man am Sicherheitsventil die Verschlußfeder fester schraubt.

Eine weitere Maßnahme, die ich für zwar theoretisch möglich, aber für höchst unratsam halte, wäre der Versuch, den Aggressionstrieb durch gezielte Eugenik wegzuzüchten. Wir wissen aus dem vorhergehenden Kapitel, daß intraspezifische Aggression in der menschlichen Reaktion der Begeisterung steckt, die, obzwar gefährlich, dennoch unerläßlich zur Erreichung höchster Menschheitsziele ist. Wir wissen aus dem Kapitel über das Band, daß Aggression bei sehr vielen Tieren und wahrscheinlich auch beim Menschen ein unentbehrlicher Bestandteil der persönlichen Freundschaft ist. Schließlich steht im Kapitel über das große Parlament der Instinkte sehr ausführlich, wie komplex die Wechselwirkung verschiedener Triebe ist. Die Folgen wären unvoraussagbar, fiele einer von ihnen – noch dazu einer der stärksten – ganz aus. Wir wissen nicht, in wie vielen und wie wichtigen Verhaltensweisen des Menschen Aggression als motivierender Faktor mit enthalten ist. Ich vermute, daß deren sehr viele sind. Das „Aggredi" im ursprünglichsten und weitesten Sinne, das Anpacken einer Aufgabe oder eines Problems, die Selbstachtung, ohne die vom täglichen Rasieren bis hinauf zum sublimsten künstlerischen oder wissenschaftlichen Schaffen so ziemlich alles wegfallen würde, was ein Mann von morgens bis abends tut, alles, was mit Ehrgeiz, Rangordnungsstreben zu tun hat und unzählige andere ebenso unentbehrliche würden wahrscheinlich mit der Ausschaltung des Aggressionstriebes aus dem menschlichen Leben verschwinden. [. . .]

Meiner Aufzählung dessen, was ganz sicher nicht geht, vermag ich leider nur

Vorschläge solcher Maßnahmen gegenüberzustellen, deren Erfolg ich für wahrscheinlich halte.

Am sichersten ist dies von jener Katharsis zu erwarten, die durch Abreagieren der Aggression am Ersatzobjekt bewirkt wird. [...] Grund zum Optimismus ist es ferner, daß jeder einigermaßen der Selbstbeobachtung fähige Mensch imstande ist, willkürlich seine aufquellende Aggression gegen ein geeignetes Ersatzobjekt umzuorientieren. Wenn ich, wie im Kapitel über die Spontaneität der Aggression erzählt, damals im Gefangenenlager trotz schwerster Polarkrankheit nicht meinen Freund geschlagen, sondern einen leeren Karbid-Kanister zerstampft habe, so war dies ganz sicher meinem Wissen um die Symptome der Instinkt-Stauung zu danken. [...] Die Einsicht in die Ursachenketten unseres eigenen Verhaltens kann unserer Vernuft und Moral tatsächlich die Macht verleihen, dort lenkend einzugreifen, wo der kategorische Imperativ, auf sich allein gestellt, hoffnungslos scheitert.

Neu-Orientierung der Aggression ist der nächstliegende und hoffnungsvollste Weg, sie unschädlich zu machen. Leichter als die meisten anderen Instinkte nimmt sie mit Ersatzobjekten vorlieb und findet an ihnen volle Befriedigung. Schon die alten Griechen kannten den Begriff der Katharsis, des reinigenden Abreagierens, und die Psychoanalytiker wissen sehr genau, wie viele höchst lobenswerte Handlungen aus ,,sublimierter" Aggression ihren Antrieb gewinnen und zusätzlich Nutzen durch deren Minderung stiften. Sublimierung ist selbstverständlich durchaus nicht nur einfache Neuorientierung. Es besteht ein erheblicher Unterschied zwischen dem Manne, der mit der Faust auf den Tisch, statt dem Gesprächspartner ins Gesicht haut, und jenem anderen, der aus unausgelebtem Zorne gegen seinen Vorgesetzten begeisterte Streitschriften mit edelster Zielsetzung verfaßt.

Eine im menschlichen Kulturleben entwickelte, ritualisierte Sonderform des Kampfes ist der *Sport*. Wie phylogenetisch entstandene Kommentkämpfe verhindert er sozietätsschädigende Wirkungen der Aggression und erhält gleichzeitig ihre arterhaltenden Leistungen unverändert aufrecht. Außerdem aber vollbringt diese kulturell ritualisierte Form des Kämpfens auch die unvergleichlich wichtige Aufgabe, den Menschen zur bewußten und verantwortlichen Beherrschung seiner instinktmäßigen Kampfreaktion zu erziehen. Die ,,Fairness" oder Ritterlichkeit des Sports, die auch unter stark aggressionsauslösenden Reizwirkungen aufrechterhalten wird, ist eine wichtige kulturelle Errungenschaft der Menschheit. Außerdem wirkt der Sport segensreich, indem er wahrhaft begeisterten Wettstreit zwischen überindividuellen Gemeinschaften ermöglicht. Er öffnet nicht nur ein ausgezeichnetes Ventil für gestaute Aggression in der Form ihrer gröberen, mehr individuellen und egoistischen Verhaltensweisen, sondern gestattet ein volles Ausleben auch ihrer höher differenzierten kollektiven Sonderform. Kampf um die Rangordnung innerhalb der Gruppe, gemeinsamer harter Einsatz für ein begeisterndes Ziel, mutiges Bestehen großer Gefahren und gegenseitige Hilfe unter Mißachtung des eigenen Lebens usw. usf. sind Verhaltensweisen, die in der Vorgeschichte der Menschheit hohen Selektionswert besaßen. Unter der schon geschilderten Wirkung intraspezifischer Selektion (S. 55) wurde sie weiter hochgezüchtet, und bis in die jüngste Zeit waren sie sämtlich in gefährlicher Weise geeignet, vielen mannhaften und naiven Menschen den Krieg als etwas keineswegs ganz Verabscheuenswürdiges erscheinen zu lassen. Deshalb ist es ein großes Glück, daß sie sämtlich in den härteren Formen des Sports, wie Bergsteigen, Tauchen oder Expeditionen und dgl., ihre volle Befriedigung finden. [...] Wettkämpfe zwischen Nationen stiften indes nicht nur dadurch Segen, daß sie ein Abreagieren nationaler Begeisterung ermöglichen, sie rufen noch zwei weitere Wirkungen hervor, die der Kriegsgefahr entgegenwirken: sie schaffen erstens *persönliche Bekanntschaft* zwischen Menschen verschiedener Nationen und Parteien, und zweitens rufen sie die einigende Wirkung der Begeisterung dadurch hervor, daß sie Menschen, die sonst wenig gemeinsam hätten, für *dieselben Ideale* begeistern. Dies sind zwei machtvoll der Aggression entgegentretende Kräfte, und es muß kurz besprochen werden, in welcher Weise sie ihre segensreiche Wirkung entfalten und durch welche weiteren Mittel sie auf den Plan gerufen werden können.

Aus dem Kapitel über das Band wissen wir schon, daß persönliches Sich-Kennen nicht nur die Voraussetzung für komplexere, aggressionshemmende Mechanismen ist, sondern an sich schon dazu beiträgt, dem Aggressionstrieb die Spitze zu nehmen. Anonymität trägt viel dazu bei, die Auslösung aggressiven Verhaltens zu erleichtern.

Konrad Lorenz

Erläuterungen

1 Γνῶθι σαυτόν lies: Gnothi sauton: griech. Erkenne dich selbst! – philosophischer Grundsatz
8 **Sublimierung:** lat. Vergeistigung, Umwandlung von Triebkräften in Impulse zu geistigen Leistungen
8 **Psychoanalyse:** „Seelenzergliederung", Heilverfahren zur Behebung seelischer Störungen
9 **Katharsis:** vgl. Text 1 Zeile 120/121
14 **Instinkt:** rein ererbtes, zweckmäßiges Handeln, das nicht erlernt zu werden braucht; vgl. Trieb: Die Abgrenzung der beiden Begriffe ist nicht eindeutig und wird teilweise abgelehnt
23 **Eugenik:** griech. Erbgesundheitslehre, Zuchtauswahl positiver Merkmale

34 **Aggredi:** lat. Verb „hinzugehen", sich nähern, angreifen
53/54 **kategorischer Imperativ:** Begriff aus der Ethik I. Kants, unbedingtes ethisches Gesetz, inneres Pflichtgebot
66 **ritualisiert:** Begriff aus der Verhaltensforschung, „fixiertes" Verhalten, welches in bestimmten Grundsituationen und den damit verbundenen Reizen bei allen Vertretern einer Art gleich ist
67 **phylogenetisch:** von Phylogenese: Stammesentwicklung
67 **Kommentkämpfe:** geregelte Kampfformen
27, 29/30, 98 Bezugnahme auf Kapitel, die *hier* nicht abgedruckt sind

---

1. Welche Maßnahmen hält Lorenz für geeignet bzw. für ungeeignet, um schädliche Auswirkungen des Aggressionstriebes zu vermeiden?
2. Womit vergleicht Lorenz im Zusammenhang mit ungeeigneten Maßnahmen die Situation eines Menschen, dessen Aggressionen unterdrückt werden?
3. Warum erscheint Lorenz eine völlige Auslöschung dieses Triebes nicht wünschenswert?
4. Welche Funktion wird dem Sport im Zusammenhang mit den Maßnahmen gegen die Aggression zugeschrieben? Nehmen Sie hierzu Stellung.

5. An welchen Lebewesen wurden die im 1. Kapitel dargestellten Ergebnisse überwiegend gewonnen, und worauf werden sie im 2. Kapitel übertragen? Welche Bedeutung messen Sie dieser Tatsache im Hinblick auf die Gültigkeit der Theorie von Lorenz zu?

6. Vergleichen Sie den Stellenwert von „Ersatzzielen" und ähnlichem in den Theorien von Lorenz und Dollard!

7. Fassen Sie im Hinblick auf den Triebcharakter der Aggression die zentrale Aussage des Textes in einer These zusammen.

III. Die Theorie des Modell-Lernens

[3] Ein streng strafendes Elternteil stellt, vor allem wenn es körperlich straft, ein aggressives Modell dar, dessen Einfluß die hemmende Wirkung der Bestrafung auf das bestrafte Verhalten mehr als verhindern kann.

BUSS (1961) zeigte, daß bei Versuchspersonen im Laboratoriumsexperiment ein
5 Angriff in Form sprachlicher Beschimpfung mehr Aggression auslöst als die Unterbrechung einer fortlaufenden Reaktionsfolge. Ein Versuchsleiter oder eine eingeweihte Versuchsperson, die die Versuchsperson beleidigen, sind aggressive Modelle, deren Einfluß wie bei dem strafenden Elternteil die gewöhnlichen hemmenden Auswirkungen der Strafe aufwiegen kann.
10 Auf diese Weise könnte die Bestrafung durch ein strafend-aggressives Modell, solange die Strafe nicht zu streng ist, Vorkommen und Ausmaß aggressiver Reaktionen erhöhen, während unpersönlich erfolgte Bestrafung der Aggression Häufigkeit und Stärke aggressiven Verhaltens wenigstens vorübergehend verringern könnte.

In den letzten Jahren machte eine Anzahl von Forschern Laboratoriumsexperimente,
15 in denen die Versuchspersonen lebensechten aggressiven Modellen oder aggressiven Phantasiemodellen ausgesetzt wurden. Die Versuche unterschieden sich beträchtlich in der Wahl der Reizbedingungen und der abhängigen Variablen, die als Aggressionsindikatoren dienten. Diese Untersuchungen ergeben, daß Verhaltensbeobachtungen von Modellpersonen zwei ziemlich unterschiedliche Effekte haben, die
20 sich beide in einem Anwachsen von Anzahl und Intensität aggressiver Reaktionen beim Beobachter niederschlagen. Der Beobachter kann erstens neue Verhaltensweisen erwerben, die bisher in seinem Verhaltensrepertoire nicht vorhanden waren. Um diesen modellierenden Effekt experimentell nachzuweisen, müßte das Modell in hohem Maße ungewohnte Reaktionen zeigen, und der Beobachter müßte diese
25 Reaktionen in weitgehend identischer Form auch wieder zeigen. Zweitens kann die Beobachtung aggressiver Modellpersonen Hemmungsreaktionen schwächen; diese hemmungslösende Wirkung erscheint in Untersuchungen, in denen die ausgelösten aggressiven Reaktionen im Verhaltensrepertoire der Versuchsperson bereits vorhanden sind. Natürlich können diese Reaktionen ihrer Art nach nicht-imitierend sein. Es
30 ist möglich, daß das Beobachten eines aggressiven Modells beim Beobachter zuwei-

len vorher gelernte imitierende oder nicht-imitierende Reaktionen einfach nur auslöst, weil die Wahrnehmung von Handlungen einer bestimmten Art als „Auslöser" für Reaktionen der gleichen Klasse dient. Von der Enthemmung könnte dieser Vorgang nur dann unterschieden werden, wenn wir die vorangegangenen Erfahrungen unserer Versuchspersonen kennen. Da jedoch die Klassifizierung einer Reaktion als aggressive Verhaltensweise eine soziale Rüge mit einschließt und Kinder allgemein angehalten werden, sich nicht sozial tadelnswert zu verhalten, darf man wahrscheinlich als sicher annehmen, daß das Auslösen vorher gelernter aggressiver Reaktionen durch ein anwesendes aggressives Modell wenigstens in den meisten Fällen einen hemmungslösenden Vorgang darstellt.

BANDURA und seine Mitarbeiter wiesen in einer Reihe von Untersuchungen modellierende Wirkungen nach. BANDURA und HUSTON (1961) beobachteten die beiläufig vorkommenden imitierenden Verhaltensweisen bei Kindern, die noch nicht im schulpflichtigen Alter waren. Eine erwachsene Modellperson zeigte funktionslose zufällige Reaktionen, unter denen auch aggressive Handlungen waren, während sie eine Diskriminationsaufgabe ausführte, die die Kinder ebenfalls ausführen sollten. Bei den Versuchspersonen der Experimentalgruppe griff das Modell Puppen an, die sich auf den Diskriminationskästen befanden; in der Kontrollgruppe verhielt sich das Modell nicht-aggressiv. 90 Prozent der Kinder der Experimentalgruppe verhielten sich aggressiv, während keines der Kinder aus der Kontrollgruppe aggressives Verhalten zeigte. Die Hälfte der Versuchspersonen der Experimentalgruppe hatte während zweier Zeitabschnitte mit der erwachsenen weiblichen Modellperson sozial interagiert und war dabei belohnt worden, ehe sie die Diskriminationsaufgabe ausführte. Die übrigen Versuchspersonen hatten zwei vergleichbar lange Zeitabschnitte mit der Modellperson verbracht, ohne jedoch mit ihr zu interagieren. Versuchspersonen der Belohnungsbedingung ahmten nun stärker als die Versuchspersonen der Bedingung „keine Belohnung" die nicht-aggressiven Reaktionen des Modells nach; bei beiden Gruppen kamen jedoch imitierende aggressive Reaktionen häufig vor. Die Autoren weisen darauf hin, daß diese Untersuchung nahelegt, daß allein die Beobachtung aggressiver Modelle – gleichgültig wie die Beziehung zwischen Modellperson und Kind ist – ausreicht, um bei Kindern imitierende Aggression hervorzurufen. So läßt sich die Hypothese formulieren, daß ein Großteil des imitierenden Aggressionslernens eine Art „Identifikation mit dem Aggressor" (FREUD, 1946) oder „Schutzidentifikation" (MOWRER, 1950) ist, d. h. ein Vorgang, bei dem sich das Kind vom Gegenstand der Aggression zum Ausführenden der Aggression verwandelt, indem es die Merkmale des aggressiven Rollenmodells annimmt.

In der Untersuchung von BANDURA und HUSTON wurden die imitierenden aggressiven Reaktionen ausgelöst, wenn die Modellperson anwesend war. Später wiesen BANDURA, ROSS und ROSS (1961) nach, daß imitierende Reaktionsmuster auf Gegebenheiten übertragbar sind, bei denen das Modell abwesend ist. 48 Kindergartenkinder, zur Hälfte weiblich und männlich, beobachteten aggressive und nicht-aggressive Modelle, die entweder das gleiche oder das entgegengesetzte Geschlecht wie sie selbst hatten. Die Kontrollgruppe bestand aus 24 Kindern, denen keine erwachsenen Modelle gezeigt wurden. Die Versuchspersonen der Experimentalgruppe blieben 10 Minuten in einem Raum, in dem sie die Reaktionen des Modells beobachten konnten; die Modellperson verhielt sich entweder einer aufgeblasenen Bobo-Puppe gegenüber deutlich aggressiv oder sammelte in nicht-aggressiver Weise wertloses Spielzeug zusammen. Ehe dann geprüft wurde, ob die Kinder das Modellverhalten imitierten, wurden sie einem leichten Frustrationserlebnis unterworfen. Danach befanden sie sich 20 Minuten lang in einem Raum, in dem verschiedenes Spielzeug war; einige dieser Spielsachen eigneten sich dazu, aggressive Verhaltensweisen auszulösen. Diejenigen Kinder, die aggressive Modelle hatten beobachten können, waren körperlich und sprachlich signifikant aggressiver als Kinder, die nicht-aggressive Modelle gesehen hatten, sowie Kinder der Kontrollgruppen. In der Gruppe mit dem aggressiven Modell gab es häufiger als in den beiden anderen Gruppen nicht-imitierendes Aggressionsverhalten. Darüber hinaus zeigten die Jungen, welche das nicht-aggressive Modell gesehen hatten, in verschiedenen Meßwerten signifikant weniger imitierende und nicht-imitierende Aggression als die Jungen der Kontrollgruppe.

In einer vergleichenden Untersuchung dehnten BANDURA, ROSS und ROSS (1963a) ihre Fragestellung auf in Filmen gezeigte aggressive Modelle aus und verglichen die Wirkung lebensechter Modellpersonen, im Film dargestellter menschlicher Aggression und Aggression im Zeichentrickfilm auf das Aggressionsverhalten von noch nicht schulpflichtigen Kindern. Nach der jeweiligen Darbietung wurden die Kinder leicht frustriert und dann in einer anderen experimentellen Situation auf das Ausmaß ihrer imitierenden und nicht-imitierenden Aggression hin untersucht. Alle drei Gruppen waren signifikant aggressiver als die Kontrollgruppe von Kindern, welche kein aggressives Modell gesehen hatten. Diejenigen Versuchspersonen, die das aggressive Vorbild in der lebensechten Situation sahen, wiesen signifikant mehr imitierende Aggression auf als diejenigen, welche die Zeichentrickfilm-Modelle sahen; die Gruppen, welche Aggression in der lebensechten Situation und menschliche Aggression im Film sahen, unterschieden sich nicht. Die Gesamtergebnisse, die auf verschiedenen Maßen für imitierende und nicht-imitierende Aggression beruhen, konnten die Tatsache belegen, daß die wirksamste Methode, Aggressionsverhalten auszulösen und Aggressionsverhalten zu formen, das Beobachten von durch Menschen im Film gezeigter Aggression war.

Diese letzte Untersuchung zeigt auch, daß das Modellverhalten die späteren Reaktionen der Kinder auf Frustration formend beeinflußt. Wenn diejenigen Kinder, die aggressive Modelle gesehen hatten, später frustriert wurden, dann zeigten sie signifikant mehr Aggression (sowohl imitierende wie nicht-imitierende) als Kinder, die zwar in gleichem Maße frustriert worden waren, aber zuvor kein aggressives Vorbild gesehen hatten. Kinder, die nicht-aggressive Modelle sahen, reagierten im Gegensatz dazu auf Frustration häufiger nicht-aggressiv als die Versuchspersonen der Gruppe mit den aggressiven Modellen. Sie verhielten sich zusätzlich weniger aggressiv als die Kinder der Kontrollgruppe, die weder ein nicht-aggressives noch ein aggressives Modell gesehen hatten.

Um zu erforschen, ob das Imitationslernen von Aggression teilweise eine Funktion der Folgen der Reaktion beim Modell ist, machten BANDURA, ROSS und ROSS (1963b) ein Experiment, in welchem eine Gruppe von Kindergartenkindern ein im Fernsehen übertragenes aggressives Modell sah, das für sein aggressives Verhalten beträchtlich belohnt wurde. Eine zweite Gruppe beobachtete, wie das Modell für sein aggressives Verhalten bestraft wurde, während den Kindern der Kontrollgruppe das im Film dargestellte Modell nicht gezeigt wurde. Dann wurde in einem Versuchsraum, in dem sich verschiedene Spielsachen befanden, die auch aggressiven Handlungszielen entgegenkamen, geprüft, wieviel imitierende und nicht-imitierende Aggression diese Kinder zeigten. Kinder, die das belohnte Vorbild gesehen hatten, verhielten sich signifikant aggressiver als die anderen beiden Kinder-Gruppen; zwischen diesen zeigten sich keine Unterschiede. In diesen Ergebnissen schien sich allerdings in erster Linie ein Unterschied in der Aggressions-Ausführung und kein Unterschied im Lernen von Aggression niederzuschlagen. Kinder, die gesehen hatten, wie Aggression bestraft wurde, bewiesen in einer anschließenden Befragung, daß sie die kognitiven Entsprechungen des Modellverhaltens gelernt hatten, obgleich sie sie nicht in Verhalten umsetzten.

Albert Bandura, Richard H. Walters u. a.

Erläuterungen

2 **aggressives Modell:** aggressives Vorbild
18 **Aggressionsindikatoren:** Merkmale, welche das Vorhandensein von Aggression anzeigen
46 **Diskriminationsaufgabe:** Aufgabenstellung für eine Versuchsperson in einem Labor, bei der eine Person oder ein Gegenstand eine herabsetzende, negative Behandlung erfahren sollen
52 **sozial interagieren:** zueinander in Bezug treten, sich gegenseitig beachten, etwas miteinander tun
79 **Frustrationserlebnis:** Erlebnis, bei dem die Erfüllung von Strebungen oder Bedürfnissen erzwungenermaßen versagt werden
83 **signifikant:** lat. bedeutsam, in der statistischen Wahrscheinlichkeitsrechnung: „statistisch gesichert"
91/119 **(1963a/1963b):** Bei wissenschaftlichen Arbeiten kennzeichnen kleine Buchstaben Veröffentlichungen desselben Autors im gleichen Jahr.
117 **Imitationslernen:** Begriff aus der Lerntheorie, Lernart, bei welcher der Lernende z. B. die Bewegung eines Vorbildes einfach nur nachahmt
132 **kognitiv:** dem Bereich des Wissens und Verstehens zugehörig

---

1. Welches Verhalten wird im Text bei Kindern beschrieben, die aggressives Verhalten beobachten konnten?
2. Welche Reaktion zeigten die Kinder, wenn ein aggressives Modell vor ihren Augen für sein Verhalten belohnt wurde?
3. Welche beiden Möglichkeiten werden angeführt, die das Verhalten der beobachtenden Kinder erklären (vgl. Zeile 18ff. und 61ff.)?
4. In welchen Formen kann sich nach der Darstellung des Textes aggressives Verhalten äußern (vgl. z. B. Zeile 1f., 5f., 47)?
5. Wie kann man aggressives Verhalten unterbinden (hemmen), und welche Funktion hat dabei eine Bestrafung?

6. Analysieren Sie Verhaltensweisen aus dem Sport unter Verwendung der Kategorien: Strafe, Belohnung, Frustration, Imitation, Identifikation. Unterscheiden Sie dabei die Rollen a) Aktiver, b) Zuschauer.
7. Beschreiben Sie einige der angegebenen Laboratoriumsexperimente und arbeiten Sie Unterschiede in der Versuchsanordnung und in der Zielsetzung heraus.
8. Wie versuchen Bandura und Mitarbeiter Erkenntnisse über das Phänomen der Aggression zu gewinnen? Welche Fragen ergeben sich in diesem Zusammenhang für die Gültigkeit und Übertragbarkeit der Ergebnisse?
9. Welche Absicht liegt wohl den Experimenten zugrunde, bei denen Medien eine wichtige Rolle spielen?
10. Welche Konsequenzen wären für die Vermeidung aggressiven gesellschaftsschädlichen Verhaltens zu ziehen, wenn man die Richtigkeit der gemachten Beobachtungen unterstellt?
11. Versuchen Sie im Rückgriff auf Dollard (Text 1) die Funktion der Frustrationserlebnisse zu erklären, denen die Kinder in einigen Experimenten unterworfen werden.
12. Fassen Sie das Ergebnis aller Untersuchungen aus Text 3 hinsichtlich der Ursachen aggressiven Verhaltens in einer einzigen These zusammen.

IV. Ein physiologisches Modell der Aggression

4 Menschliche Aggression erzeugt Gewalttätigkeit – das ungeliebte Kind der menschlichen Gesellschaft. Unser Verständnis von Aggression wird erschwert durch ,,absolute'' Theorien, die sagen, daß Aggression genetisch angelegt bzw. gelernt ist. Hier wird ein physiologisches Modell der Aggression vorgelegt, das uns
5 auffordert, unser ,,Wissen'' über das Gewalttätige in uns zu überdenken.
Gewalttätigkeit ist die bittere Frucht der menschlichen Aggression. Bevor wir sie kontrollieren können, müssen wir die Wurzeln des aggressiven Verhaltens verstehen. Zur Zeit haben wir zwei größere Theorien, die dazu herangezogen werden können.
Die erste – sehr generell gesagt – erklärt Aggression als ein biologisches Phänomen,
10 das in unsere Gen-Struktur ,,eingebaut'' ist. Der Mensch hat ein bestimmtes Maß an aggressiver ,,Energie'', und die einzige Chance, die wir haben, Aggression zu kontrollieren, ist, akzeptierbare Abreaktionsmöglichkeiten dafür zu schaffen. Die zweite Theorie sagt, daß der Mensch keine angeborenen gewalttätigen Impulse hat, sondern daß er sie lernt. Entsprechend können wir die biologische Seite übergehen
15 und ein System zur Aggressions-Kontrolle entwickeln, das auf Theorien des Verstärkungs- und Modell-Lernens basiert.
Soweit ich sehen kann, trägt keine der beiden Theorien den immer weiter wachsen-

den Forschungsergebnissen über die physiologischen Grundlagen des Verhaltens Rechnung. Neuere Untersuchungen auf diesem Gebiet erzwingen Modifikationen in beiden Theorien. Sie zeigen den Weg zu einem physiologischen Modell der menschlichen Aggression. Meine grundlegende Prämisse für solch ein Modell ist, daß das Gehirn angeborene neurale Systeme enthält, die – wenn sie in Anwesenheit bestimmter Reize aktiviert werden – aggressives Verhalten gegenüber diesen Reizen entstehen lassen.

Es gibt sehr viele Belege dafür, daß diese neuralen Systeme existieren. Viele Forscher haben aggressives Verhalten bei Katzen und Ratten induziert, indem sie bestimmte Hirnregionen dieser Tiere mit elektrischem Strom gereizt haben. Mein Kollege Richard BANDLER hat aggressives Verhalten bei Ratten durch chemische Reizung bestimmter Teile des Hypothalamus erzeugt.

Wir wissen, daß dieselben neuralen Systeme beim Menschen existieren. Man hat experimentell verbale und physische Aggressionen beim Menschen durch elektrische Reizung von Hirnregionen erzeugt. Nach solchen Experimenten, in denen sie aggressives Verhalten gezeigt haben, haben die Versuchspersonen berichtet, daß sie Gefühle hatten, die normalerweise mit Aggressionen einhergehen. Vernon MARK und Frank ERVIN geben hierfür viele Beispiele an in ihrem Buch *Violence and the Brain*. Schon 1961 hat H. E. KING eine sanftmütige Patientin beschrieben, die aggressiv wurde, wenn eine Hirnregion, die als *Amygdala* bezeichnet wird, elektrisch gereizt wurde. Sie wurde verbal aggressiv und drohte, den Versuchsleiter zu schlagen. Es war möglich, ihre feindseligen Gefühle und ihr aggressives Verhalten mit einem elektrischen Schalter an- und abzustellen. Gewalttätigkeit kann ebenfalls durch den Druck eines Tumors auf dieselbe Hirnregion erzeugt werden. Charles WHITMAN, der vor einigen Jahren auf den Glockenturm der University of Texas gestiegen war und 14 Menschen durch Gewehrschüsse getötet und 31 andere verwundet hatte, hatte einen stark wachsenden Tumor in der Nähe dieser Hirnregion.

Wichtig ist es herauszufinden, wodurch diese neuralen Systeme des Gehirns bei einer normalen Person außerhalb des Laboratoriums an- und abgeschaltet werden.
Gute Tage und schlechte Tage. Nach unserem normalen Verständnis hängt die Aggressivität eines Menschen von seiner Stimmung ab. In der Sprache der Physiologie ausgedrückt heißt das, Aggressivität hängt von dem jeweiligen Zustand des Nervensystems ab, durch den wiederum Stimmungen festgelegt werden. Wenn ein Mensch glücklich ist, können ihn nur sehr wenige Dinge ärgerlich machen. Wenn er gereizt ist, können das sehr viele. Aber selbst an solchen gereizten Tagen ist ein ganz bestimmter Reiz erforderlich, um tatsächlich aggressives Verhalten zu erzeugen.

Allerdings – diese „angemessenen" Reize sind nicht die einzigen Faktoren, die bestimmen, ob sich ein Mensch aggressiv verhalten wird. Das Auftreten von aggressivem Verhalten hängt ebenfalls von dem Zustand der neuralen Systeme ab, die dieses Verhalten steuern. Wenn diese Systeme aktiviert sind und wenn die angemessenen Reize vorhanden sind, wird sich ein Mensch aggressiv verhalten.

Das Zusammenspiel zwischen der Umgebung eines Menschen und seinem Nervensystem ist der Schlüssel zu meinem Modell der menschlichen Aggression. Stellen Sie

sich bitte vor, daß es im Nervensystem drei mögliche Schwellenwerte für aggressive Systeme gibt:
Beim höchsten Schwellenwert ist das System nicht erregbar. Das heißt, daß Umwelt-Reize, die gewöhnlich destruktives Verhalten auslösen, die neuralen Systeme nicht
65 ,,zünden". Das wird vielleicht an einem Beispiel deutlicher: Eine männliche Maus, die vor der Geschlechtsreife kastriert wird, wird nicht – wie es bei diesen Tieren üblich ist – eine andere männliche Maus angreifen. Die kastrierte Maus ist Reizen gegenüber, die normalerweise ein solches Angriffs-Verhalten auslösen würden, unsensibel.
Der zweite Schwellenwert des Aggressionssystems ist der ,,normale" – das Niveau,
70 auf dem wir die meiste Zeit ,,funktionieren". Die Zellen des neuralen Systems, das Aggressivität kontrolliert, ,,feuern" nicht, und nur eine schmale Bandbreite von Reizen kann sie aktivieren.
Der dritte Schwellenwert kann als ,,spontan aktiv" beschrieben werden. Hier ,,feuern" die Zellen von sich aus, und der Organismus ist in Erregung. Aber aggressives
75 Verhalten wird nur erzeugt, wenn die entsprechenden Reize auftreten. Menschen in einem solchen Zustand haben feindselige Gefühle, sie können viele aggressive Phantasien haben, und sehr viele verschiedene Reize werden bei ihnen aggressive Gedanken und aggressives Verhalten auslösen.
Das Aggressionssystem befindet sich auf einem dieser drei Schwellen-Niveaus
80 (genauer gesagt handelt es sich hier um ein Kontinuum mit sehr viel mehr Schwellenwerten). Sehr viele Faktoren können es beeinflussen, und dadurch wird die Fluktuation der Aggressivität bei einem Menschen bzw. wird das verschiedene Ausmaß an Aggressivität bei verschiedenen Menschen erklärt.
Aggressivität anheizen. Der erste Faktor, der die Sensitivität des aggressiven Sy-
85 stems beeinflußt, ist die Vererbung.
[...]
Der zweite Faktor, der Einfluß auf unser aggressives System ausübt, ist der ,,input" von anderen neuralen Systemen des Gehirns. Reizung dieser Regionen wird nicht direkt Aggression auslösen, aber sie kann ablaufendes aggressives Verhalten intensi-
90 vieren oder hemmen.
[...]
Aggressionen lernen. Der letzte Faktor, der die Schwellenwerte für aggressives Verhalten beeinflußt: das Lernen, ist der bei weitem komplizierteste. Erfahrung beeinflußt aggressives Verhalten, genauso wie sie andere grundlegende Verhaltens-
95 muster beeinflußt. Durch Anwendung von Belohnungen und Bestrafungen können wir ein Tier dazu bringen, sich zu überfressen oder zu verhungern. Auf dieselbe Weise können wir ein Tier lehren, aggressives Verhalten zu zeigen oder zu hemmen – und das können wir auch beim Menschen. Die Gesetze des Lernens sind auf Verhaltensweisen, die wir als ,,destruktiv" bezeichnen, ebenso anwendbar wie auf ,,konstrukti-
100 ve" Verhaltensweisen. Solch gelerntes Verhalten steht in Zusammenhang mit erblichen und endokrinen Einflüssen auf Aggression – und manchmal erweisen sie sich als stärker. Fest eingeschliffene Verhaltensweisen *(habit patterns)* können den Einfluß des Blutchemie-Haushalts gegen Null gehen lassen. Wenn wir ein Tier in Anwesen-

heit von Futter bestrafen, können wir sein Eß-Verhalten hemmen, und zwar egal wie aktiv die neuralen Systeme, die den Hunger kontrollieren, „feuern". Dasselbe gilt auch für Aggressionen.
Der Mensch lernt nun schneller und besser als irgendein anderes Lebewesen. Dies bedeutet, daß die Erbeinflüsse und die endokrinen Einflüsse auf die Aggression eher durch seine Erfahrungen modifiziert werden könen als bei anderen Lebewesen. Dies heißt weiter, daß wir bei verschiedenen Menschen eine große Vielfalt von Reizen finden, die aggressives Verhalten auslösen oder hemmen. Das bedeutet außerdem, daß der Mensch weniger stereotype Ausdrucksmöglichkeiten für Ärger und Feindseligkeit hat als irgendein anderes Lebewesen.
Nachdem wir uns jetzt die Faktoren angesehen haben, die die Schwellenwerte für Aggression beeinflussen, ist ein Bild des Menschen entstanden, das mit keiner der beiden großen Theorien der menschlichen Aggression übereinstimmt. Es genügt nicht, wenn man sagt, daß die Aggressivität des Menschen biologisch vorprogrammiert ist. Es genügt ebensowenig zu sagen, daß die menschliche Aggressivität gelernt ist. Nach unserem physiologischen Modell müssen wir festhalten, daß die menschliche Aggressivität von einer Vielzahl von sich ändernden Faktoren abhängt. [. . .]
In seinem Buch *Human Aggression* sagt STORR: *„Die Vorstellung, daß wir Aggression völlig beseitigen können, erscheint mir unsinnig [. . .] es hat keinen Zweck, davon auszugehen, daß wir die Natur des Menschen so verändern können, daß er friedvoll und sanftmütig wird."* STORR sagt, daß es wichtig für uns ist, in irgendeiner Form an physisch-aggressiven Wettbewerben teilzunehmen – entweder direkt oder, als Beobachter, indirekt. Aber: Ein physiologisches Modell der Aggression führt uns hier ebenfalls zu einer entgegengesetzen Lösung.
Gewalttätigkeit beim Sport. Neben den gelernten destruktiven Verhaltensweisen hängt das aggressive Verhalten eines Menschen von der Sensitivität der neuralen Systeme ab, die Aggression kontrollieren. Wenn diese Systeme nicht „feuern", hat er keine „aggressive Energie", die abreagiert werden muß. Sportarten, die körperliche Aggressivität beinhalten, aktivieren aller Wahrscheinlichkeit nach diese neuralen Systeme. Der Wettbewerbscharakter erzeugt Streß und bewirkt ein hohes Maß von Aktivierung. Wenn die daran beteiligten Personen nicht sehr stark hemmenden Tendenzen unterworfen sind, wird dadurch in der Tat oft Gewalttätigkeit erzeugt. So hat eine Schiedsrichterentscheidung bei einem Fußballspiel vor einigen Jahren in Lima einen solchen Aufruhr bewirkt, daß dabei eine Reihe von Zuschauern den Tod gefunden haben.
Jeffrey GOLDSTEIN und Robert ARMS haben das Ausmaß an Feindseligkeit untersucht, das sich 1969 bei den Zuschauern des traditionellen Footballspiels zwischen der Mannschaft der amerikanischen Armee und der amerikanischen Kriegsmarine gezeigt hat. Sie verglichen ihre Meßwerte mit einer ähnlichen Untersuchung bei Zuschauern, die eine Turnveranstaltung besucht hatten, und stellten fest, daß die Besucher des körperlich aggressiveren Footballspiels *nach* der Veranstaltung wesentlich mehr Feindseligkeit empfanden. Sportarten, die körperliche Aggression mit einschließen, sind in vieler Weise wertvoll, aber: Die Abreaktion von Aggression

gehört nicht zu diesen Werten. Wir sollten nicht versuchen, Aggression durch Sportarten zu kontrollieren, die wie das Footballspiel – ein aggressives Kräftemessen sind, sondern statt dessen mehr darüber lernen, welche Reize die neuralen Systeme aktivieren, die feindselige Gefühle unterdrücken.

Ich glaube nicht, daß Aggression einfach nur eine gelernte Verhaltensweise ist, aber Lernen spielt mit Sicherheit eine wichtige Rolle bei der Kontrolle der Aggression. Wenn man nicht-aggressive Verhaltensweisen auf Reize, die normalerweise Aggression erzeugen, belohnt, oder wenn man sich manifestierende Aggression bestraft, wird man sicherlich gewalttätiges Verhalten einschränken können. Ein großer Teil des destruktiven, aggressiven Verhaltens von Menschen hat nichts zu tun mit den neuralen Systemen, die Aggression kontrollieren und wird ebenfalls nicht von Gefühlen des Ärgers oder der Feindseligkeit begleitet. Der Killer in der ,,Mörder GmbH", die Soldaten, die Bomben über einem fremden Land ausklinken, mögen überhaupt keine Feindseligkeit ihren Opfern gegenüber empfinden. Sie töten nicht, weil sie Ärger fühlen, sondern weil sie für das Töten belohnt werden. Die Gesellschaft muß ein Mittel gegen diese ,,instrumentelle" Aggression finden – ähnlich wie sie sich mit anderen gelernten Verhaltensweisen auseinanderzusetzen hat.

Wenn man wirkungsvolle Möglichkeiten sucht, um das Maß an Gewalttätigkeit in unserem Leben zu reduzieren, eröffnet uns das physiologische Modell der Aggression eine Kontrollmöglichkeit, die in den beiden populären Aggressionstheorien nicht vorgesehen ist: physiologische Manipulation. Hierbei handelt es sich um eine sicher kontroverse Vorstellung, und die großen Möglichkeiten für einen Mißbrauch dürfen nicht übersehen werden. Unsere Anregung folgt aber auf natürliche Weise aus der Erkenntnis, daß aggressive Gefühle und aggressives Verhalten bei einem Menschen aus der Aktivität bestimmter neuraler Systeme innerhalb seines Gehirns folgen. Es gibt drei Möglichkeiten, die neurale Basis für Aggression auszuschalten. Wir können auf die Chirurgie zurückgreifen. Es ist relativ leicht, die Wildkatze *Lynx rufus rufus* in ein sehr freundliches Tier ,,umzufunktionieren", wenn man einen sehr kleinen Teil ihres Amygdale entfernt. HEIMBURGER hat gezeigt, daß eine kleine Läsion in der selben Gehirnregion aggressives Verhalten bei 80% der pathologisch aggressiven Patienten reduziert.

Ebenfalls kann man die neuralen Systeme, die Aggression kontrollieren, dadurch desensitisieren, daß man die endokrinen Mechanismen manipuliert. Man hat z. B. in Experimenten das Hormon Progesteron verwendet, um die Reizbarkeit, die mit der vormenstruellen Spannung einhergeht, zu kontrollieren. Ein synthetisches Sexhormon, Stilbestrol, kann Hypersexualität und gereizte Aggression bei Männern kontrollieren.

Wir können Aggression durch elektrische Stimulation der neuralen Systeme kontrollieren, die Feindseligkeit und Ärger hemmen. Elektroden in das Gehirn eines Menschen zu implantieren und ihn an einen Radioempfänger anzuschließen, ist keine *science fiction*. Radioempfänger können heute so klein gebaut werden, daß sie unter der Kopfhaut des Menschen eingepflanzt werden können. Solche Patienten zeigen

keine Anzeichen dafür, daß sie unter äußerer Kontrolle stehen – obwohl sie aggressionshemmende elektrische Impulse bekommen. 190
Die genannten Methoden sind ohne Frage wirkungsvoll und sie sind für den Patienten und für die Gesellschaft von Wert. Aber die Vorstellung physiologischer Manipulation erzeugt sehr ernste moralische Bedenken, mit denen man sich auseinandergesetzt haben muß, bevor die genannten Techniken über das experimentelle Stadium hinaus entwickelt werden können. 195
Aggressives Verhalten ist das größte Problem des Menschen. Unsere Vorstellungen davon, wie Aggression kontrolliert werden kann, wird durch die Verschwommenheit unzureichender Theorien eingeschränkt. Wenn es uns nicht gelingt, die wirklich angemessenen Theorien in praktische Handlungen umzusetzen, wird die sich immer weiter entwickelnde Destruktionstechnologie alle menschlichen Probleme auf ihre 200
Weise lösen.

Kenneth E. Moyer

Erläuterungen

22 **neural:** die Nerven betreffend
29 **Hypothalamus:** Teil des Zwischenhirns
48 **Aggressivität:** überdauernde Haltung – Eigenschaft, auf der Aggression = Handlungsweisen beruhen
87 **input:** Begriff aus der Kybernetik: „Eingabe"

101 **endokrin:** die Drüsen betreffend, welche Hormone in den Körper abgeben
175 **Läsion:** operative Verletzung
179 **desensitisieren:** in der Empfindlichkeit abschwächen

---

1. Gegen welche beiden Theorien setzt sich der Verfasser ab, und wie begründet er das?
2. Welche Beispiele führt Moyer für die Beweisführung seiner Theorie an?
3. Welche Theorie vertritt der im Text zitierte Storr (Zeile 121), und warum wird er gerade an dieser Stelle zitiert?
4. Wie werden in gewisser Weise die Erkenntnisse der beiden anderen Theorien in die im Text vertretene aufgenommen bzw. welchen Stellenwert haben sie dort?
5. Welche Funktion wird dem Sport hinsichtlich der Aggression abgesprochen, und wofür sprechen die in diesem Zusammenhang angeführten Beispiele?
6. Erörtern Sie die Lösungsmöglichkeiten, welche im Text zur Vermeidung aggressiven Verhaltens angeführt werden (Zeile 164 ff.).

B. Aggression im Sport
I. Sehweisen und Definitionen

5 *Zusammenhang von Sport und Aggression*

Ich halte es nicht nur für legitim, sondern auch für außerordentlich wichtig und wissenschaftlich fruchtbar, den Sport (als Schulfach, als Massen-Freizeitbeschäftigung, als Zuschauer-Konsumware) auf sein Verhältnis zur Aggressivität hin zu
5 untersuchen.

Zwischen Sport und Aggression besteht m. E. ein besonders enger, sachimmanenter Zusammenhang:
Der sportliche Wettkampf, der in den allermeisten Sportarten eine zentrale Rolle spielt, ist seiner Grundstruktur nach aggressives Verhalten, stellt Aggression in
10 geregelter, sozial ungefährlicher Form dar.
Schon eine oberflächliche Betrachtung des Sprachgebrauchs zeigt diesen Zusammenhang, wenn von kämpfen, schlagen, siegen, Gegner usw. gesprochen wird. Nicht nur der Boxer, auch der Läufer oder der Turner „schlägt" seinen Gegner.
Die aggressive Grundstruktur kommt zweifach zum Ausdruck: im Handlungsablauf
15 und in den Handlungsfolgen. [...]

Im folgenden beschreibt der Verfasser kurz 3 Aggressionsmodelle und erörtert ihre Tragfähigkeit für die Erklärung aggressiver Phänomene im Sport kritisch. Er referiert Ergebnisse wissenschaftlicher Untersuchungen, welche die alleinige Gültigkeit der einen oder anderen Theorie jeweils in Frage stellen.

Betrachten wir nochmals diese 3 Aggressions-Modelle, dann zeigt sich, daß die Annahme eines Aggressionstriebes zwar nicht widerlegbar, eine kathartische Wirkung des Sportes jedoch auch nicht überzeugend nachweisbar ist.
Die Frustrations-Aggressions-Hypothese kann sicherlich einen Teil der im Sport
20 auftretenden Aggressionen erklären, und sie zeigt uns, daß wir – z. B. im Schulsport – vor allem dem Verlierer unsere Aufmerksamkeit schenken müssen, aber sie trägt nichts zur Erhellung des Zusammenhanges von Sport und Aggression bei. – Eher trägt der *Sport* etwas bei zur Erhellung des Zusammenhangs von *Frustration* und Aggression.
25 Die lerntheoretische Auffassung macht uns darauf aufmerksam, daß möglicherweise die im Sport praktizierten Regelverletzungen, die – der aggressiven Struktur des Wettkampfes entsprechend – aggressiver Art sind, gelernt und in das feste Verhaltensrepertoire übernommen werden.
Wir sehen: Folgt aus der Triebtheorie, daß die Aggressionsbereitschaft nach Wett-
30 kämpfen sinkt, so folgt aus dem lerntheoretischen Konzept genau entgegengesetzt eine Zunahme, während nach der Frustrations-Aggressions-Hypothese differenzierter nur beim Verlierer ein Ansteigen der Aggressivität zu erwarten ist.
Keine der bestehenden Theorien, von denen ich nur die markantesten ganz kurz umrissen habe, kann das Phänomen der Aggression völlig befriedigend erklären. Der

Nachteil der meisten Theorien, in gewissem Sinne auch der lerntheoretischen Auffassung, liegt darin, daß sie versuchen, *alle* Erscheinungsformen aggressiven Verhaltens auf *eine* Ursache (oder einen Ursachenkomplex) zurückzuführen, eine Monokausalität der Aggression zu postulieren. Da man in einem ersten Schritt versucht, eine allgemeingültige, alle aggressiven Phänomene umfassende Definition zu finden, liegt der zweite Schritt nahe, für dieses in *einer* Definition erfaßte Phänomen nun auch *eine* Erklärung zu suchen.

Verschiedene Formen aggressiven Verhaltens
FÜRNTRATT schlägt vor, 4 nach Ursache bzw. Motivierung verschiedene Formen aggressiven Verhaltens zu unterscheiden; er nennt

1. *instinktive Aggressionen,*
wie sie bei vielen Tierarten beobachtet werden können. Ihre Erscheinungsformen sind artspezifisch und stereotyp und brauchen nicht erlernt zu werden. Sie erfüllen stets bestimmte biologische Funktionen und werden normalerweise durch bestimmte Schlüsselreize ausgelöst.
Diese artspezifisch-stereotypen Aggressionen kommen beim Menschen wahrscheinlich nicht mehr vor.

2. nennt er die *primären Aggressionen,*
die eine Reaktion auf Störreize, z. B. auf Schmerz oder Beschränkung der Bewegungsfreiheit, darstellen. Diese Aggression ist oft von Zorn und Wut und entsprechenden physiologischen Veränderungen wie z. B. erhöhter Adrenalin-Ausschüttung begleitet. Sie ist eine kurzzeitige, eng umschriebene und aus der konkreten Situation sofort verständliche und biologisch sinnvolle Reaktion auf äußere Reize. Diese Reaktionen brauchen selbst nicht erlernt zu werden, können aber durch Lernen modifiziert werden.

3. nennt er *die Pseudoaggression;*
darunter versteht er solche Verhaltensweisen, die gezeichnet sind durch eine Überaktivität, die gelegentlich das Erscheinungsbild der Aggressivität aufweist.

4. unterscheidet er die *instrumentelle Aggression;*
sie ist nicht zornmotiviert, nicht stereotyp, nicht Selbstzweck, sie kann alle möglichen Motivationen und Erscheinungsformen haben, sie ist meist gelernt und wird planmäßig dazu benutzt, um irgendein Ziel zu erreichen, sie ist eine Art Problemlösetechnik, sie ist Mittel zum Zweck. *Diese* Aggression ist das eigentliche Problem im menschlichen Zusammenleben. *Sie* meinen wir eigentlich, wenn wir von der Aggression als einem der wesentlichen Probleme der Menschheit sprechen.

Gemessen an den instrumentellen (gewollten, geplanten) Aggressionen, die das menschliche Zusammenleben erschweren, an Machtmißbrauch, Gewalttaten, Quälereien, Kriegen usw., können wir die im Sport auftretenden Aggressionen als wenn auch unerfreuliche Bagatelle betrachten. Der Sport hat noch niemanden zu einem guten Menschen gemacht – aber auch noch niemanden zu einem schlechten.

75 Vielleicht konstruieren wir mit dem Zusammenhang von Sport und Aggression nur künstlich ein Problem, weil wir bei Aggression immer gleich Gewalttat, Mord, Totschlag und Krieg mitdenken. Vielleicht ist der Zusammenhang von Sport und Aggression zwar psychologisch interessant – aber praktisch nur von weitaus geringerer Bedeutung?

Meinhard Volkamer

Erläuterungen

2 **legitim:** lat. gesetzlich, rechtlich, hier: gerechtfertigt
17 **kathartisch:** vgl. Text 1, Erläuterung Z. 121/122
38 **postulieren:** lat. fordern, gemeint ist hier im Zusammenhang mit dem Wort Monokausalität, daß es für eine Wirkung nur eine Ursache geben dürfe.
43 **Fürntratt, E.:** Psychologie der Aggression, Ursache und Formen aggressiven Verhaltens, in: betrifft: erziehung 5/1972 Originalanmerkung gestrichen!

47 **stereotyp:** griech. immer wiederkehrend, gleichbleibend
49 **Schlüsselreiz:** ein signalartiger Reiz, der einen angeborenen Verhaltensmechanismus auslöst

---

1. Wie begründet Volkamer seine Meinung, daß sich Sport als Untersuchungsfeld für aggressives Verhalten anbiete?
2. Welche aggressiven Strukturmerkmale des Sports sind im Text angeführt? Erläutern Sie mit Hilfe von Beispielen, was damit gemeint ist (Zeile 14/15).
3. Womit erklärt Volkamer die mangelnde Reichweite der beschriebenen Aggressionstheorien?
4. Auf welche Gruppe der an Sport Beteiligten bezieht sich die Aussage in Zeile 25–28? Übertragen Sie die Aussage auf die Zuschauer (vgl. Texte 3 und 13).
5. Untersuchen Sie auf der Grundlage der Definitionen im Text, welche Arten von Aggressionen Ihrer Meinung nach im Sport hauptsächlich auftreten.
6. Was meint Volkamer, wenn er im Zusammenhang mit der instrumentellen Aggression davon spricht, sie stelle „eine Art Problemlösetechnik" dar? Nennen Sie andere Möglichkeiten, zwischenmenschliche Konflikte zu lösen, und beziehen Sie bei Ihren Überlegungen den Sport mit ein.
7. Nehmen Sie zu den Aussagen Stellung, mit denen Volkamer die Bedeutung der Aggression im Sport relativiert (Zeile 73–79).
8. Bei der Beschreibung der primären Aggression werden hormonale Begleiterscheinungen erwähnt. In welcher Theorie der Aggression haben diese einen wichtigen Stellenwert?
9. Vergleichen Sie die Aussage in Zeile 50f. mit der Auffassung Wiemanns in Text 10.

II. Unsportliches Verhalten als Ausdruck von Aggressivität

6 Als theoretische Grundlage der vorliegenden Untersuchung diente die Überforderungstheorie K. MIERKES und die Frustrations-Aggressions-Hypothese von DOLLARD und seiner Mitarbeiter der Yale-Schule. [...]
Wesentlich für unsere Fragen ist die Erkenntnis, daß auf eine Überforderung eine aggressive Reaktion erfolgt.
Die Forschergruppe um DOLLARD nimmt an, daß einer Aggression immer eine Frustration zugrunde liege. [...]
Die Ähnlichkeit der beiden Theorien läßt vermuten, daß es sich nur um verschiedene Blickrichtungen, nicht um grundlegende Unterschiede handelt. Sowohl Überforderung als auch Frustration treten nur dann auf, wenn das Individuum ein bestimmtes Ziel verfolgt und an dessen Erreichen gehindert wird; es handelt sich in beiden Fällen um eine nicht-überwindbare Differenz zwischen dem Wunsch und der tatsächlichen Möglichkeit, das Ziel zu erreichen.
Während die Überforderungstheorie mehr das Prozeßhafte des Geschehens betont (Überforderung als längerdauernder Vorgang), geht die Frustrations-Aggressions-Hypothese mehr von der zeitlich punktuellen Tatsache des Frustriert-Seins aus. Man könnte vereinfachend sagen: Überforderung erzeugt Frustration, und diese führt unter bestimmten Umständen zur Aggression. In diesem Sinne können beide Theorien nebeneinander und einander ergänzend zur Erklärung derselben aggressiven Reaktion herangezogen werden. [...]
Diese beiden Theorien waren die Grundlagen für die Hypothesenbildung der vorliegenden Untersuchung, in der wir das Auftreten aggressiver Reaktionen im Rahmen des sportlichen Wettkampfes untersuchen.
Im sportlichen Wettkampf gibt es Sieger und Besiegte, und wir gehen von der Annahme aus, daß die Niederlage eine Überforderung des Besiegten darstellt, die zu Frustration und damit zur aggressiven Reaktion führt. [...]

Untersuchungsmaterial
Konkreter Gegenstand der Untersuchung war das aggressive Verhalten von Fußballspielern. Von jedem Fußballpunktspiel fertigt der Schiedsrichter einen Spielbericht an, auf dem die Namen der beiden Mannschaften und der einzelnen Spieler, Austragungsort, Spielergebnis und besondere Vorkommnisse verzeichnet werden. Unter den besonderen Vorkommnissen interessierten uns hier besonders die Strafen für schwere Fouls, Verwarnungen und Platzverweise. Da Punktspiele in Staffeln mit je 14 oder 16 Mannschaften ausgetragen werden, ergibt sich darüber hinaus die Möglichkeit, den Einfluß bestimmter sozialer Strukturen innerhalb dieser Staffeln und ihre Auswirkung auf aggressives Verhalten der einzelnen Mannschaften zu untersuchen. [...]

Untersuchungsgegenstand
In unserer Untersuchung gingen wir von folgender Annahme aus: Jedes unsportliche Verhalten (das nicht zu verwechseln ist mit *technischen* Verstößen gegen die Spielre-

geln) stellt eine aggressive Handlung dar, die das Spielgeschehen selbst verläßt, sich direkt und persönlich gegen andere Spieler oder den Schiedsrichter richtet oder den geregelten Spielablauf zu stören versucht, z. B. durch Schlagen oder Treten des Gegners, Beschimpfen des Schiedsrichters oder Fortschlagen des Balles bei einem
45 Strafstoß usw.
Nach den Regeln des Deutschen Fußball-Bundes führt eine derartige unsportliche Handlung zu einer Verwarnung oder einem Feldverweis durch den Schiedsrichter, der diese Strafen im Spielbericht vermerkt. [. . .]
Unsportliches Verhalten, das zu einer Verwarnung oder einem Feldverweis führt, kann
50 sich also sowohl in verbaler Form (Beschimpfen des Schiedsrichters oder Kritisieren seiner Entscheidungen) als auch in direkter Tätlichkeit (Treten oder Schlagen des Gegners) äußern. (Unsere Untersuchung ergab, daß es sich bei ca. 80% aller Verwarnungen und Verweise um grob unsportliche Spielweise handelte, in der Fachsprache ,,grobes Foul'' genannt.)
55 *Diese Verwarnungen und Feldverweise – aufgefaßt als Strafen für aggressives Verhalten – stellten das eigentliche Untersuchungsmaterial dar. Gegenstand der Untersuchung sind somit die Bedingungen für das Auftreten aggressiven Verhaltens bei Fußballspielen, wie es den Regeln entsprechend in den Spielberichten seinen Niederschlag findet.* [. . .]
60 Sicherlich ist damit nicht die Gesamtheit aller in einem Spiel vorkommenden aggressiven Handlungen erfaßt, da zum einen die Regeln dem Schiedsrichter einen gewissen Auslegungsspielraum lassen (so wird z. B. das Beschimpfen eines Mitgliedes der eigenen Mannschaft wohl kaum mit einer Verwarnung geahndet), zum anderen viele Handlungen, die im Sinne der Regeln als ,,unsportlich'' zu beurteilen wären, so
65 ausgeführt werden, daß sie dem Schiedsrichter nicht als solche auffallen. Mit dieser Einschränkung ist aber nur gesagt, daß durch die von uns vorgenommene operationale Definition des Untersuchungsgegenstandes nicht alle aggressiven Handlungen erfaßt werden, während alle von uns in den Spielberichten erfaßten Aggressionen per definitionem auch als solche interpretiert werden können.

Im folgenden berichtet Volkamer über den Gang der Untersuchung. Die mögliche Abhängigkeit zwischen aggressiven Handlungen (Fouls) und verschiedenen Faktoren wurde statistisch überprüft. Aus der Liste der aufgeführten Fragen können die untersuchten Beziehungen entnommen werden.
1. ,,Besteht ein Unterschied hinsichtlich der Anzahl der Fouls zwischen Siegern und Verlierern?'' (Beispiel gekürzt abgedruckt)
2. ,,Besteht ein Unterschied hinsichtlich der Anzahl der Fouls zwischen Mannschaften, die auf eigenem, und solchen, die auf fremdem Platz spielen?''
3. ,,Besteht ein Zusammenhang zwischen der Größe des Leistungsunterschiedes zweier Mannschaften und der Anzahl der Fouls?''
4. ,,Besteht ein Zusammenhang zwischen der Summe der Tore in einem Spiel und der Anzahl der Fouls?''

5. „Besteht ein Zusammenhang zwischen dem Rangplatz einer Mannschaft und der Anzahl der Fouls?"
6. „Besteht ein Zusammenhang zwischen den Rangplätzen beider Mannschaften und der Aggressionsrichtung?"
7. „Spielklasse"
8. „Besteht ein Zusammenhang zwischen dem Rangplatz *beider* Mannschaften und der Menge der auftretenden Fouls?"
9. „Besteht ein Zusammenhang zwischen dem Leistungsgefälle innerhalb einer Staffel und der Anzahl der Fouls?"
10. „Kettenreaktion"
11. „Verteilung über die Spielzeit"
12. „Schiedsrichter"

1. Sieg – Niederlage: Besteht ein Unterschied hinsichtlich der Anzahl der Fouls zwischen Siegern und Verlierern?
Diese Frage ist nur dann sinnvoll, wenn man annimmt, daß beide Parteien ein Spiel mit dem ernstlichen Willen beginnen zu gewinnen und beide Parteien auch von vornherein ein bestimmtes, wenn auch ungleiches Maß an Siegeschancen besitzen; beides sind Bedingungen dafür, daß überhaupt ein echtes Spiel zustande kommt. Steht der Sieger von vornherein fest, dann wird der Unterlegene nicht mehr echt gefordert und also auch nicht *über*fordert. Ein Spiel, das absolut keine Gewinnchance mehr bietet – was nicht allzu oft vorkommt –, führt zur Resignation. Die Spieler entziehen sich der Situation, durch die sie sonst sicher überfordert würden. Darin kommt ein Moment der Freiheit im Sport zum Ausdruck: Die Spieler *müssen* nicht spielen, sie können sich der Auseinandersetzung, der Forderung und damit auch der Überforderung entziehen. Wenn der Sieg außerhalb jeder Möglichkeit liegt und gar nicht mehr ernstlich angestrebt wird, so kann die Überlegenheit des Gegners nicht überfordern, die Niederlage nicht frustrieren. [...]
Unter diesen Voraussetzungen ist also zu erwarten, daß der Verlierer sich ernstlich gegen seine Niederlage wehrt, mehr zu leisten versucht, als er tatsächlich zu leisten imstande ist, und sich in seinen Siegeschancen enttäuscht sieht. Es ist daher zu erwarten, daß der Verlierer häufiger in aggressiver Weise gegen die Spielregeln verstößt als der Sieger.
Es kommt wohl vor, daß beide Mannschaften gleich gut sind oder daß sogar die schlechtere, während des ganzen Spiels bedrängte und feldunterlegene Mannschaft durch ein glückliches Tor gewinnt, daß also im Endergebnis nicht die Überforderungssituation zum Ausdruck kommt; normalerweise ist jedoch anzunehmen, daß die Überlegenheit der einen Mannschaft im Spielgeschehen deutlich wird und sich auch im Endergebnis niederschlägt.

Tabelle 1 Verteilung der Fouls auf gewonnene und verlorene Spiele
[...]

	Anzahl der Spiele	Anzahl der Fouls	Anzahl der Fouls pro Spiel (Quotient)
gewonnene Spiele	1568	771	.49
verlorene Spiele	1568	980	.62

[...]
Es besteht ein statistisch gesicherter Unterschied hinsichtlich der Anzahl der Fouls zwischen Siegern und Verlierern, und zwar bestätigt sich unsere Erwartung im Sinne der zugrunde liegenden Theorien, daß der Verlierer häufiger aggressiv reagiert als der Sieger.
Der Unterlegene wehrt sich gegen den Druck der überlegenen Mannschaft und sieht sich im Verlaufe des Spiels immer deutlicher in seinen Erwartungen enttäuscht. Das führt zu einer härteren Spielweise gegenüber dem Gegner. [...]
Oft richtet sich die Aggression auch nicht gegen den Gegner, sondern gegen den Schiedsrichter; die Schuld für die Niederlage wird bei dessen (nicht bei der eigenen!) Unfähigkeit gesucht, was zu Beschimpfungen oder zu Kritik an seinen Entscheidungen führt. MIERKE bezeichnet diesen Vorgang als ,,Objektion" im Sinne einer Entlastung durch Verlagerung subjektiver Gefühle – hier der Unfähigkeit und des Versagens – auf Objekte oder Personen der Umgebung. Das ist nicht ein besonderes Phänomen im Sport, sondern eine allgemeine sozialpsychologische Erscheinung. Die Entladung am unschuldigen Objekt stellt einen ,,Spezialfall der von der Yale-Schule proklamierten Frustrations-Aggressions-Hypothese" dar, die im aggressiven Verhalten des Individuums dessen Versuch erblickt, sich das Eingeständnis der eigenen Enttäuschung zu ersparen.

Die Variablen, deren Einfluß auf die Aggressivität in Fußballspielen nachgewiesen wurde, sind dem folgenden Text zu entnehmen.

Zusammenfassung
Ausgehend von der Überforderungstheorie MIERKES und der Frustrations-Aggressions-Hypothese der Yale-Schule um DOLLARD, versuchten wir festzustellen, ob es möglich sei, Gesetzmäßigkeiten im Auftreten aggressiver Handlungen (= Fouls) in Fußballspielen aufzufinden. Als Untersuchungsmaterial dienten 1986 Spielberichte von Fußball-Punktspielen und speziell die darin enthaltenen Eintragungen über Verwarnungen und Feldverweise, die von uns als Folgen von ,,Aggressionen" aufgefaßt wurden.
Wir konnten zeigen, *daß aggressive Handlungen in Fußballspielen soziologisch oder sozialpsychologisch normale Erscheinungen sind,* die weder etwas mit der ,,Roheit des Spiels" noch mit der ,,Charakterschwäche" der Spieler zu tun haben: Die aggressiven Handlungen werden zwar von ganz konkreten Individuen begangen und müssen auch von ihnen verantwortet werden, der Zeitpunkt, die Art und das Ausmaß

der Aggressivität werden jedoch weitgehend von der Struktur des sozialen Systems bestimmt, in dem das betreffende Individuum handelt, und von der Stellung, die es in diesem System einnimmt.
„Damit ist gesagt, daß das abweichende Verhalten nicht so sehr eine Eigenschaft der Individuen ist, die sich einer sozialen Struktur gegenüber befinden, sondern gerade durch diese Struktur bedingt ist. [...] Ein bestimmtes (auch zahlenmäßig ausdrückbares) Maß an Verbrechen ist also ein integrierender Teil einer gesunden Gesellschaft; denn wenn soziales Verhalten als geregeltes Verhalten begriffen wird, gibt es auch immer Abweichungen in bestimmten Graden"[35].
Bei den Vergehen handelt es sich zwar um ganz konkrete Handlungen bestimmter Individuen – was vom menschlichen oder sportlichen Standpunkt aus zu bedauern ist –, sie treten jedoch unabhängig vom einzelnen gesetzmäßig auf. Wohl läßt sich sagen, daß die kampfbetonte Dynamik des Fußballspiels diese Gesetzmäßigkeiten besonders deutlich werden läßt, dennoch müssen der individuell-diagnostische und der allgemein-sozialpsychologische Gesichtspunkt in der Betrachtung des Spielgeschehens und der Interpretation der Ergebnisse scharf voneinander getrennt werden.
Als die wesentlichen Faktoren, welche die Aggressivität bei Fußballspielen beeinflussen, konnten wir vier Variablen aufzeigen:
– Sieg oder Niederlage
– Heimspiel oder Auswärtsspiel
– Leistungsunterschied (Tordifferenz)
– Rangsystem.

Dabei ist einsichtig, daß die Variablen 1, 3 und 4 nicht voneinander unabhängig sind, während Variable 1 auch von 2 abhängt.
Einige Ergebnisse unserer Untersuchung legen es nahe, *Aggressionen weitgehend als Ausdruck der Dynamik innerhalb eines konkurrenzorientierten sozialen Systems aufzufassen*, ferner zeigen sie, daß der Konkurrenzdruck einen deutlichen Einfluß auf die Menge der auftretenden aggressiven Akte ausübt.
Bei der Interpretation der Ergebnisse im Hinblick auf allgemeine psychologische Fragestellungen darf einerseits nicht übersehen werden, daß sie 1. an *Spielen* gewonnen wurden (wenn auch die zahlreichen Fouls zeigen, daß die Spieler das Geschehen häufig sehr ernst nehmen) und daß es sich 2. um ein sehr labiles, sich oft und schnell veränderndes soziales System handelt. (Um so überraschender ist vielleicht die durchgehend eindeutige Tendenz der Ergebnisse.)   *Meinhard Volkamer*

Erläuterungen
2/3 **Mierke, K.**: Wille und Leistung. – Göttingen 1955
Dollard, vgl. Kapitel A, Text 1
66/67 **operationale Definition:** genaue Angabe derjenigen konkreten Techniken und Methoden, mit denen man den Sachverhalt erfassen kann, den der jeweilige Begriff meint, hier: für V. ist deshalb aggressives Verhalten hinreichend für seine Untersuchung zu identi- fizieren, weil er es mit Foul gleichsetzt, wie es im Spielbericht vermerkt wird. Damit ist für die Untersuchung die Schwierigkeit ausgeklammert, sich mit dem Wesen der Aggression auseinanderzusetzen.
68/69 **per definitionem:** lat. durch, entsprechend der Definition
142 Anm. 35 R. König (Hrsg.) Soziologie.- Frankfurt/M. 1958 S. 18

---

1. Stellen Sie den Zusammenhang von Überforderung, Frustration und Aggression dar.
2. Erläutern Sie, warum Volkamer davon sprechen kann, daß ein Fußballspiel ein konkurrenzorientiertes soziales System darstelle.
3. Welche Bedeutung hat der „Auslegungsspielraum" (Zeile 62) für den Untersuchungsgegenstand? Bei welcher der untersuchten Beziehungen spielt dieser Gesichtspunkt eine besondere Rolle?
4. In Zeile 110–120 wird ein Phänomen im Rückgriff auf die Aggressions-Frustrations-Hypothese erklärt (vgl. Dollard, Text 1). Wie erklärt sich derselbe Sachverhalt aus der Sicht von Lorenz (Text 2)?
5. Erörtern Sie die Vorüberlegungen, welche Volkamer in Zeile 72–95 anstellt, und gehen Sie hinsichtlich des Aussagewertes der Ergebnisse zur 1. Fragestellung von verschiedenen Voraussetzungen aus und spielen Sie die Möglichkeiten durch.
6. Volkamer gibt in Zeile 124 als Ziel der Untersuchung an, „Gesetzmäßigkeiten im Auftreten aggressiver Handlungen" auffinden zu wollen. Formulieren Sie einen solchen gesetzmäßigen Zusammenhang (vgl. auch Zeile 153–156).
7. Übertragen Sie das Zitat (Zeile 137–142) auf das soziale System Fußballspiel, indem Sie die Wörter „Verbrechen" und „Gesellschaft" durch entsprechende Begriffe ersetzen.
8. Erläutern Sie die Abhängigkeit der Variablen in Zeile 157–158.
9. Erklären Sie die Gegenüberstellung in Zeile 164–166 von „Spielen" und „Geschehen ernst nehmen"! Von welcher inneren Haltung im Spiel geht Volkamer hier aus?
10. In Zeile 131 behauptet Volkamer, daß aggressive Handlungen nichts mit der „Charakterschwäche" der Spieler zu tun hätten. Überprüfen Sie, ob hierfür irgendwelche Voraussetzungen in der Untersuchung vorliegen.
11. Geben Sie die Voraussetzungen an, von denen die Gültigkeit der gewonnenen Ergebnisse abhängt. Welche Einschränkungen werden von Volkamer selbst vorgetragen?

III. Konflikt und Leistung

7 In diesem Kurzbeitrag soll entsprechend dem Untertitel die strenge Allgemeingültigkeit einer These widerlegt werden, die sich in der funktionalistischen Mikrosoziologie als Selbstverständlichkeit zu empfehlen scheint und die auch von anderen Soziologen in verschiedenen Abwandlungen behauptet wird, nämlich die These: nur konfliktarme oder hochintegrierte Kleingruppen können besonders hohe Leistungen produzieren. [...]

Die hier zu verfechtende Gegenthese ist überraschend und soll zur Diskussion gestellt werden. Sie lautet: Selbst heftige soziale Binnenkonflikte in Höchstleistungsmannschaften bestimmter Art brauchen deren Leistungsstärke keineswegs merklich zu schwächen, falls die Mannschaft trotz der Konflikte fortbesteht. Ja, mit der Entwicklung oder Verstärkung eines Konfliktes kann sogar eine Leistungssteigerung einhergehen. [...]

Ein unbeschränkter Allsatz, der wie die zu widerlegende These durch „nur" oder „alle", „jede", „stets" „zwingend" gekennzeichnet ist, läßt sich bereits durch ein einziges Gegenbeispiel widerlegen. Seine Negation, einem Existenzsatz logisch äquivalent, ist schon durch ein einziges Beispiel zu beweisen. Die genannte Gegenthese ist leicht aus einem Existenzsatz herzuleiten.

Gibt es eine Mannschaft, die trotz schärfster innerer Konflikte die beste ihr mögliche Leistung zeigt oder deren Leistung sich trotz einer Konfliktentwicklung annähernd soweit wie möglich verbessert, so ist die Gegenthese bereits bewiesen und damit die Ausgangsthese klar widerlegt; denn beide sind unverträglich miteinander.

Die zuerst soziometrisch untersuchte und teilnehmend beobachtete Mannschaft, der Olympiasiegerachter von 1960, wies scharfe Untergruppen- und Führungskonflikte auf, die sogar in der Presse kommentiert wurden. Es handelte sich um eine Renngemeinschaft, in der je vier Athleten aus zwei Vereinen ruderten.

Die Renngemeinschaft hatte sich jedoch ursprünglich rein kameradschaftlich gebildet, ohne daß offizielle Vereinsvertreter mitgewirkt hätten. Die Ruderer bezeichneten damals die Mannschaft durchweg als kameradschaftliche Sondereinheit zwischen den beiden Vereinen. Konflikte bestanden nicht. Die Vorstände der Vereine x und y trugen in den zwei Jahren, in denen die Mannschaft bestand, zunehmend vereinszentrierte Motive in die Mannschaft hinein. Die Sondereinheit spaltete sich in Vereinscliquen auf, in denen sich die Konflikte ausprägten. Die Fragebogenantworten führten in überwiegender Mehrheit diese Spaltung in zwei gegensätzliche Cliquen auf die vereinszentrierte Beeinflussung zurück und bezeichneten die Mannschaft nun fast einhellig als reinen Zweckverband. – Die Konflikte führten mehrmals fast zum Zerfallen der Mannschaft. Sportlich machte sich in diesem Achter kein Leistungsnachteil auf Grund der Gruppenspannungen bemerkbar. Dann hätte sich gegenüber dem Anfangszustand (kameradschaftliche konfliktlose Sondereinheit zwischen den Vereinen) ein Leistungsschwund zeigen müssen, denn das Trainingspensum und die technische Beherrschung der Bewegung hielten sich auf dem gleichen Niveau. Es hätte sich ohnehin nur ein geringer Leistungsanstieg einstellen können. Die Lei-

stungsstärke nahm in den zwei Jahren, in denen der Achter bestand, tatsächlich parallel mit der Schärfe des Konflikts ein wenig zu. Die Leistungsstärke wurde systematisch an den sehr häufig ausgeführten Trainingsfahrten über 8 mal 560 m im
45 Renntempo gemessen. Die Mannschaft wurde ungeschlagen Olympiasieger. Eine Sportmannschaft kann also trotz starker innerer Konflikte Höchstleistungen vollbringen. Der Konflikt wirkte nicht merklich leistungsmindernd.
Die zweite Beispielmannschaft, der Weltmeisterachter von 1962, war keine Renngemeinschaft, sondern eine Vereinsmannschaft. Es bildete sich aber in ihm eine
50 *vollständige* Clique von vier Ruderern heraus, in der jeder jeden wählte und die sich von den anderen Ruderern absetzte. Diese wählten dennoch in die Clique hinein. Leistungsneid oder Positionsmißgunst bestimmten ihre Wahl nicht. Sie bildeten keine Gegenclique.
Da die *emotionale* Geschlossenheit einer Teilgruppe eines sozialen Gebildes stets
55 große soziale Distanzen von außen, ja: Ablehnungen und Feindseligkeit bei den Ausgeschlossenen verursacht, so läßt sich hier mit Sicherheit schließen: Die überaus starke Cliquenbildung kann nicht nach Charakterwertungen und Sympathien zustande gekommen sein. Tatsächlich bestand die Clique nach dem Urteil des Trainers und anderer genau aus den leistungsstärksten Ruderern des Achters. Das Image der
60 Leistungsfähigkeit des einzelnen nach dem Urteil der anderen bildete das Vorzugskriterium in dieser Höchstleistungsmannschaft.
[. . .]
Im Vergleich zu anderen untersuchten Mannschaften zeigten diese beiden Mannschaften, also die Achter mit den stärksten, den Zusammenhalt beider Mannschaften
65 gefährdenden Spannungen, jeweils in vier Jahren (1960, 1962, 1963, 1964) die überlegen besten Leistungen der Welt.
Dies und der Umstand, daß die Konfliktentwicklung mit einer optimalen als höchste erreichbaren Leistungsverbesserung parallel ging, zeigt, daß die Gegenthese richtig ist: Selbst heftige soziale Binnenkonflikte in Höchstleistungsrudermannschaften brau-
70 chen die Leistungsstärke keineswegs merklich zu schwächen, falls die Mannschaft trotz der Konflikte fortbesteht (am Erhalt der Mannschaft und der Leistungsstärke war jedes der ehrgeizigen Mitglieder persönlich interessiert). Mit der Entwicklung oder Verschärfung eines inneren Konfliktes kann sogar eine Leistungssteigerung parallel verlaufen.
75 Die These, nur konfliktarme Gruppen könnten hohe Leistungen vollbringen, ist nicht allgemeingültig. Ihre strikte Allgemeingültigkeit erweist sich als Vorurteil.

Hans Lenk

Erläuterungen

2 **funktionalistisch:** von: Funktionalismus, wissenschaftliche Richtung, die den Zusammenhang von Situation und Verhalten, Individuum und Gruppe zur Erklärung von Phänomenen hervorhebt
3 **Mikrosoziologie:** Im Gegensatz zur Makrosoziologie, die sich mit der Analyse der Gesellschaft insgesamt befaßt, versteht man unter Mikrosoziologie den Teil der Soziologie, der sich mit Gruppen (Subsystemen) beschäftigt
22 **„teilnehmend beobachtete Mannschaft":** Lenk war selbst Mitglied dieser Rudermannschaft

22 **soziometrisch:** von Soziometrie, Methode in der Soziologie, die in weiterem Sinne soziale Verhältnisse quantitativ erfassen will, im engeren Sinne die Messung der sozialen Distanz und Beliebtheit

---

1. *Welche Beispiele werden von Lenk zum Beweis seiner Gegenthese angeführt?*
2. *Warum reicht bereits ein Gegenbeispiel aus, um die These, auf die Lenk sich bezieht, zu widerlegen?*
3. *Welcher Zusammenhang besteht nach Ihrer Meinung zwischen Konflikt und Aggression?*
4. *Stellen Sie Ursache, Verlauf und Folgen der Konflikte innerhalb der Achter von 1960 und 1962 dar. Arbeiten Sie die Unterschiede und Gemeinsamkeiten heraus.*
5. *Erklären Sie die mögliche Parallelität von ansteigendem Konflikt und Leistung unter Hinzuziehung der Theorien zur Aggression (Ersatzhandlung, Frustration).*
6. *Welche Auffassung vertreten Sie hinsichtlich der ,,Einigkeit" von Mannschaften und deren Erfolgschancen im sportlichen Wettkampf?*

IV. Manipulation der Aggression

Der nachfolgende Text ist ein protokollarischer Auszug einer Diskussion. Vorausgegangen war ein Referat von Karl Adam mit dem Thema ,,Leistung – Leistungssport – Leistungsgesellschaft". Bei Adam handelt es sich um den Trainer, von dem im Lenk-Text die Rede ist. Die Fragen, auf die sich das Protokoll bezieht, stehen in keinem unmittelbaren Zusammenhang zum Referat.

8 Der Referent wird gefragt, inwieweit sexuelle Verdrängungen zur Förderung des Leistungsstrebens herangezogen werden. Adam weist auf die Freudsche Sublimationstheorie hin und lehnt diesen Tatbestand, aus seinen Erfahrungen heraus, ab. Er meint jedoch, daß der Sport ein hochdifferenziertes System von Übersprungs- und Ersatzhandlungen sein kann. Auch kann der Sport – hier sicherlich systemstützend – zum Mittel des gezielten Aggressionsabflusses benutzt werden. Adam wird darauf angesprochen, ob er – wie es einem Fernsehinterview zu entnehmen war – der Meinung ist, daß bewußt gesteuerte Aggressionen die Mannschaftsleistung fördern? Er verweist darauf, daß es keine konfliktfreie Mannschaft gibt und daß die Konflikte auch in der Mannschaft ausgetragen werden müssen. Ja, die Leistung kann sogar, nach amerikanischen Untersuchungen, gesteigert werden, während zur gleichen Zeit die Binnenkonflikte in einer Gruppe zunehmen. Aggressionen einer Gruppe gegen eine andere Gruppe (oder von Verein zu Verband) können die Leistungsfähigkeit im Wettkampf steigern. Von daher ist es, so Adam, legitimes Mittel, Aggressionen künstlich zu steigern.

Erläuterungen
2 **Sigmund Freud,** 1856–1939, Begründer der Psychoanalyse
13 Einen Teil der umstrittenen Äußerungen Adams aus dem Fernsehinterview vom 8. Januar 1969 hat Volkamer in einer Stellungnahme wörtlich zitiert: „Ich selbst gehe mit meinen Praktiken sogar noch weiter. Ich glaube, Sport ist Kampf, und Kampf läßt sich nur durchführen – psychologisch – auf der Grundlage der Aggression, also auf Grund von Haßgefühlen. Wenn die Haßgefühle nicht vorhanden sind, dann muß man sie erregen, notfalls in der Mannschaft gegen den Trainer." (aus: M. Volkamer: Stellungnahme zu einem Interview mit Karl Adam. – in: Die Leibeserziehung, 18. Jg. 3/1969)

---

1. Welcher Teil des Textes bezieht sich unmittelbar auf die These Lenks?
2. Erklären Sie, warum die Überlegungen sich auf Mannschaften im Sport beziehen.
3. Im Text wird unterschieden zwischen Konflikten zwischen Gruppenmitgliedern und Konflikten zwischen Gruppen. Versuchen Sie zu erklären, warum es in beiden Fällen zu einer Leistungssteigerung kommen kann.
4. Mit welcher Theorie können Sie die Adam zugeschriebene Aussage hinsichtlich der Funktion des Sports identifizieren?
5. Auf welche Weise wird nach Dollard (Text 1, Zeile 54 ff.) bei Gesellschaftssystemen und Gruppen vermieden, daß Binnenkonflikte zu einem Zerfall der Gruppen führen?
6. Setzen Sie sich mit der Adam zugeschriebenen Auffassung auseinander, Steigerung der Aggression zum Zwecke der Leistungssteigerung sei legitim. Wie würde man ein solches Vorgehen nennen, wenn es ohne Wissen der Gruppenmitglieder geschieht?

V. Gesellschaftliche Bedingungen der Aggressivität

9 Aber die Ausbreitung des Sports über die ganze Welt hat noch andere Gründe. Sie ist eine Folge der Industrialisierung, welche die traditionellen Strukturen der Gesellschaft aufgelöst hat.
Traditionell für die alte vorindustrielle Welt war die ständische Gliederung. Das starre
5 Gefüge existiert nicht mehr. Es wurde durch die politische Demokratisierung und durch die Industrialisierung der Arbeitswelt in Richtung auf eine elitäre Gesellschaft umgeformt. Ihre Eliten sind Leistungseliten. Sie stellen das Produkt einer Auslese im freien Wettbewerb dar. Nicht die Herkunft soll mehr über die Aufstiegschancen entscheiden, sondern Begabung und Leistung sollen die Besten an die Spitze
10 bringen. Dieser Gedanke ist den Volksdemokratien totalitären Gepräges und den Demokratien der westlichen Welt gemeinsam. Und er erzeugt in beiden die gleichen Sehnsüchte und Unzufriedenheiten. Denn weder haben alle die gleichen Chancen – schon ihr Start ist verschieden – noch die gleichen Kräfte. Man will das verbessern. Aber die Macht der Geschichte und die menschlichen Schwächen werden dem
15 elitären Prinzip immer wieder Schwierigkeiten machen. Tausende werden sagen: Warum nicht ich? Warum der andere? Und sie suchen sich einen Ersatz.

Ihn bietet der Sport. Hier gibt es die große Chance, den Sprung nach vorn ins volle Rampenlicht der Öffentlichkeit, die exorbitante Karriere, das große Geschäft. Und wenn einem selbst auch der Sprung nicht gelingt – vielleicht weil man ihn gar nicht machen will –, so entschädigt schon die bloße Existenz einer Welt, in die man bei jedem Fußballmatch eintauchen kann, für das, was die Alltagswelt versagt. Deshalb ist es kein Einwand, daß die Zahl derjenigen, die aktiv Sport treiben, gegenüber den Millionen, die von einer Show fasziniert sind, kaum ins Gewicht fällt. Für sie, die übergroße Menge, die durch einen typisierten Konsum sowieso gleichgeschaltet ist, genügt der Rausch des Dabeiseins, das Erlebnis des Ausgelöschtseins in der Masse. Der Druck der Frustrierung, unter dem die elitäre Aufstiegsgesellschaft lebt, weicht vor der Szene des Spielfeldes oder des Ringes. Der Appell an die Phantasie ist entscheidend, die Möglichkeit, sich mit einer eminenten Figur oder Gruppe zu identifizieren. Ob das eine Parteiversammlung ist oder ein Boxkampf, macht keinen Unterschied. Selbstauslöschung und Identifikation mit dem Sieger, das ist, was die Leute suchen.

Immerhin geht es beim Sport um körperliche Leistungen besonderer Art. Und nur der Kenner, der selbst Fußball spielt oder Ski läuft, kann den Verlauf eines Kampfes, die Abfahrtstechnik voll goutieren. Aber die Dramatik der körperlichen Aktion, ihre Eleganz und Vollkommenheit sind sinnfällig und aufregend genug, um die Menschen mitzureißen und ihnen einen Ersatz für das zu bieten, was sie vielleicht nicht einmal wirklich verloren haben, von dem sie aber glauben, daß es ihnen in der Fabrik und an der Schreibmaschine verkümmern muß, nämlich das volle Sichausleben körperlicher Kraft und Gewandtheit in freier Natur. Max Scheler hat Sport mit Körperkultur in Zusammenhang gebracht, als wäre er ,,Reflexion und Wiederpflege eines jahrhundertelang schwer vernachlässigten Eigenwertes des leiblichen Daseins''. Scheler spielt auf die Abwertung des Leibes in der christlichen Tradition an. Ich glaube nicht, daß man so weit gehen muß. Die Körperkultur, ein Begriff aus dem Jugendstil, ist ein Säkularisationsphänomen und hat literarische Wurzeln, der Sport nicht. Er ist ein Aufstand gegen das Leben in der Fabrik und im Büro, gegen den Druck der rationalisierten Arbeitswelt.

Deshalb wird in ihm ein anderes Motiv wirksam: das von der industriellen Arbeitswelt gezüchtete und zugleich an seiner Befriedigung verhinderte Bedürfnis nach Aggression. Dieses Bedürfnis ist nur der Ausdruck der allgemeinen Stauung, welche die elitär gebaute Gesellschaft in der Masse ihrer Glieder hervorbringt, da sie Tendenzen entwickelt, deren Erfüllung sie um des Bestandes ihrer differenzierten Arbeitsteiligkeit willen wiederum unterdrücken muß. Die Formen, in denen die Aggressivität abgeführt wird, können nicht drastisch genug sein: Boxen und Ringen, vor allem Freistilringen, stehen obenan. Für die Popularität eines Sports sind aber noch andere Momente entscheidend als die Drastik seiner Kampfform. Das Publikum muß sich auf ihn verstehen: Fußball in Deutschland, Football, Baseball in Amerika, Kricket in England, Auto- und Fahrradrennen in Italien usw. Aber das Schaugeschäft gibt nicht immer den Ausschlag, denn auf die Gipfelstürmerei und die unbegrenzte Technisierung des Alpinismus hat es, bisher jedenfalls, keinen Einfluß. Frustrierung und gesteigerte

60 Aggressivität, Rückwirkungen der elitären Gesellschaft, verbinden sich für die übergroße Zahl der Menschen heute mit dem Zwang zu einer sie nicht ausfüllenden Arbeit an Dingen, die sie nur partiell verstehen.
Helmuth Plessner

Erläuterungen

18 **exorbitant:** lat. übertrieben, gewaltig
30 **Identifikation:** lat. unreflektiertes und absichtsloses „Sichhineinversetzen" in einen anderen Menschen, unterbewußte Primitivbindung

34 **goutieren:** franz. genießen
44 **Säkularisation:** hier: Verweltlichung

---

1. Wie kennzeichnet Plessner die moderne Leistungsgesellschaft?
2. Welche beiden Möglichkeiten der Zuwendung zum Sport sieht Plessner für ein Mitglied der Leistungsgesellschaft gegeben, dem der Erfolg in der „Alltagswelt" versagt bleibt?
3. Welches Bedürfnis wird durch die Arbeit in der Fabrik und an der Schreibmaschine beim Menschen nicht befriedigt, und in welcher Weise sorgt der Sport hier für einen Ersatz? (Zeile 34 ff.)
4. Wie stellt Plessner den Zusammenhang von Arbeitsteilung in der rationalisierten Arbeitswelt und Aggressivität dar?
5. Welche Theorie der Aggression können Sie zur Erklärung der beschriebenen Phänomene heranziehen, und zu welcher Theorie werden zumindest sprachlich Beziehungen sichtbar, wenn von „Stauung", „abführen von Aggressivität" und „unterdrückter Erfüllung" die Rede ist?

VI. Ventilfunktion des Sports

10 „Sportliche Betätigung" ist eine Ventilsitte zur Befriedigung elementarer Verhaltensantriebe. Es versteht sich von selbst, daß nur bestimmte Verhaltensantriebe eine Befriedigung im Sport erfahren und ebenso daß sich diese Antriebe auch durch andere Verhaltensweisen abreagieren lassen, die üblicherweise nicht zum
5 Sport gezählt werden. Die hier gegebene Bestimmung des Begriffes „Sportliche Betätigung" soll nicht die bisherigen Definitionen korrigieren, sondern lediglich von vornherein klarstellen, was im folgenden gemeint ist. Zusätzlich mag sie zu einer Überprüfung und Diskussion der bisherigen Wesensbestimmungen anregen.
Das Thema und die Definitionen lassen erkennen, daß hier die ethologischen Voraus-
10 setzungen der Genese des Phänomens Sport gesucht werden sollen.
[. . .]
Um die Bedeutung der einzelnen Verhaltensantriebe für die Genese des Sports erklären zu können, werden zuerst die wichtigsten Ergebnisse der vergleichenden

Verhaltensforschung wiedergegeben, dann Überlegungen zur Phylogenese des
menschlichen Verhaltens angestellt und daraus die Genese sportlicher Betätigung
abgeleitet. [...]

Im folgenden beschreibt Wiemann dann zwei Triebe bzw. Triebgruppen. 1.
den Spiel- und Explorationstrieb und 2. unspezifische Bewegungstriebe.
Dabei versteht Wiemann unter Explorationstrieb denjenigen, der den Menschen zu einem Neugier- und Entdeckerverhalten veranlaßt. Beiden Triebarten ist gemeinsam, daß sie innerhalb einer Sozietät die Aufgabe der
Selektion und der Anpassung an Veränderungen der Umwelt haben. Eine
problematische Situation ergab sich erst dann, als diese Triebe zu Beginn
eines „technisierten Zeitalters" im Halozän (erdgeschichtliches Zeitalter)
ihre Funktion für eine Bewältigung des Daseinskampfes verloren. Der
motorische Antriebsüberschuß führte auf der Suche nach Ventilen u. a. zur
Entwicklung sportlicher Betätigungsformen. Als dritten Trieb führt Wiemann
im folgenden die intraspezifische Aggression an.

Intraspezifische Aggression
Die intraspezifische Aggression gehört zu den Instinkten, die auf Grund ihrer leichter
überschaubaren Erscheinungsformen besonders gut erforscht sind. Während die
Aussagen über die vorn behandelten Verhaltensformen und ihre physiologischen
Grundlagen noch weitgehend hypothetischen Charakter haben, sind die wichtigsten
physiologischen Grundlagen des Aggressionsverhaltens experimentell überprüft.
[...]
Der arterhaltende Wert der intraspezifischen Aggression ist – entgegen der Erwartung
des Uneingeweihten – recht bedeutend: Sie garantiert, daß die leistungsfähigeren
Individuen, bzw. bei sozial lebenden Arten die leistungsfähigeren Gruppen, ein
günstiges und genügend großes Revier halten können und daß sich in den Sozietäten
eine Rangordnung gemäß der Leistungsfähigkeit der Individuen einstellt. Die innerartliche Aggression kann aber nur dann ihre selektionistische Aufgabe erfüllen, wenn
gekoppelte Hemmungsmechanismen eine ernste Beschädigung oder gar Tötung des
Kumpans verhindern: durch artspezifische Demuts- oder Beschwichtigungssignale
wird der Unterlegene eine Hemmung der Aggression des Stärkeren auslösen. Die
Hemmungsmechanismen sind in der Regel um so differenzierter, je wirkungsvoller
die natürlichen Waffen der Tiere sind, aber auch je sozialisierter die Tiere leben. [...]
Nach dem Tier-Mensch-Übergangsfeld trat die Entwicklung des Aggressionsverhaltens in eine entscheidende Phase. Durch die Erfindung immer schneller wirkender Waffen wurde das Funktionsgefüge zwischen angeborener Aggressivität und
angeborener Aggressionshemmung mehr und mehr unwirksam, denn die Mechanismen zur Aggressionshemmung wirkten nur verläßlich beim Gebrauch der natürlichen
Waffen. Doch schon die Benutzung einer mit einem Stein bewehrten Faust konnte bei
einer innerartlichen Auseinandersetzung von einer so viel überraschenderen Wirkung
sein als der Schlag mit bloßer Faust, daß überhaupt keine Gelegenheit blieb zur
Auslösung der Aggressionshemmung. Und dieser Zustand steigerte sich mit der

Wirkung der Waffen. Nun hing aber nach wie vor das Wohl und Wehe einer sozialen
Gruppe von der Anzahl der kampffähigen Individuen ab. Wollte aber eine Sozietät
nicht schon im Rangkampf innerhalb der Gruppe einen Teil ihrer wertvollsten Mitglieder verlieren, mußte das verlorengegangene Gleichgewicht zwischen Bewaffnung
und Beschädigungs- bzw. Tötungshemmung wiederhergestellt werden. Da aber die
Entwicklung der Waffen in einer solch explosionsartigen Geschwindigkeit fortschritt,
daß eine genetisch fixierte Adaptation in keiner Weise Schritt halten konnte, blieb nur
die Möglichkeit zur konsequenten Reglementierung der Kampfhandlungen innerhalb
der Gruppe. Und nur diejenige Gruppe hatte einen besonderen selektionistischen
Vorteil, die den Zusammenhang erkannte oder zumindest erahnte und dementsprechend den Rangkampf ritualisierte und reglementierte, ohne gleichzeitig etwas an
Aggressivität einzubüßen. Die so entstehenden Kampfsitten waren – wie die Voraussetzungen, die ihre Entwicklung erst notwendig machten – durch die besondere
Leistungsfähigkeit der Gehirne möglich. Die Sitten wurden von Generation zu Generation überliefert, dabei selbstverständlich auch selektiert. Je mehr nun die Leistungsfähigkeit der Gehirne zunahm, desto mehr müssen wohl auch Gehirnleistungen
neben den physischen Leistungen über die Rangordnung in der Sozietät entschieden
haben. Dabei verlor der körperliche Kampf an Bedeutung für den Rangkampf. Da aber
die physiologischen Mechanismen zur Aggressivität und Energiefreisetzung erhalten
blieben, mußten vermehrt Ventilsitten geschaffen werden: Der körperliche Kampf,
wenn auch zunehmend ritualisiert und reglementiert, diente in erster Linie der
lustbetonten Triebreduzierung ohne ständigen direkten Bezug zur Rangregulierung.
Er wurde „Selbstzweck". Und damit war der sportliche Kampf in seiner Urform
geboren. [...]

Erst nachdem die Hominiden gegen Ende des Jungpleistozäns durch die kulturellen
Leistungen weitgehend umweltunabhängig wurden, konnten auch solche Fertigkeiten
im Wettkampf gemessen werden, die keinen direkten Bezug zur Daseinsbewältigung
zeigten und für deren Entwicklung und Ausgestaltung die spontane Befriedigung des
Spiel- und Explorationstriebes verantwortlich ist. Daß von diesen Urformen sportlicher
Betätigung bis zum Sport der unmittelbaren Vergangenheit und Gegenwart noch ein
weiter Entwicklungsweg zurückzulegen war, versteht sich von selbst. Das wird aber
nichts an der primären Motivation des Sports allgemein ändern, denn die wenigen
Jahrtausende der Entwicklung vom Jäger und Sammler bis zum Industriemenschen
haben mit Sicherheit nicht ausgereicht, die Antriebsmechanismen des menschlichen
Verhaltens umzuzüchten. Im Hinblick auf das Aggressionsverhalten wäre das auch
nicht günstig gewesen, denn sicher ist die intraspezifische Aggression einer der
bedeutsamsten Motoren der Entwicklung der Kultur. [...]

Im Gegensatz zur spielerischen und sportlichen Betätigung im hier dargestellten Sinn
sind Körperübungen keine Ventilhandlungen zur direkten Triebbefriedigung, sondern
Strategien mit den unterschiedlichsten Zielsetzungen. Körperübungen sind nur sekundär durch Verhaltensantriebe motiviert. Die Voraussetzung für die Genese von
Körperübungen ist die Erkenntnis des Zusammenhanges von Übung und Übungserfolg. Damit müssen gezielte Körperübungen, die hier konsequent vom triebbedingten

spielerischen Üben zur Verbesserung des Bewegungskönnens und zur Steigerung der Geschicklichkeit in der Handhabung von Waffen und Geräten getrennt werden, in einer wesentlich späteren Epoche ihren Ursprung haben als die oben besprochenen sportlichen Betätigungen.

Klaus Wiemann 90

Erläuterungen

30 **gekoppelte Hemmungsmechanismen:** ritualisierte Verhaltensweisen, welche die Aggression gegen den Artgenossen reflexgleich unterbinden helfen, z. B. durch Demutsgebärden, Schreien, Zuwenden einer ungeschützten Stelle

50 **genetisch fixierte Adaption:** Anpassung an Veränderungen der Umwelt, deren Geschwindigkeit biologisch vorgegeben ist

65 **Rangregulierung:** vgl. K. Lorenz, positive Wirkung der intraspezifischen Aggression zur Schaffung und Erhaltung einer Rangordnung (Hackordnung)

68 **Hominiden:** menschenartige Herrenrasse

68 **Jungpleistozän:** Abteilung des Erdzeitalters, Frühe Eiszeit (Diluvium)

---

1. Auf welche Theorie der Aggression bezieht sich Wiemann bei seinen Ausführungen, und woran wird das sichtbar?
2. Wie begründet Wiemann, daß der Aggressionstrieb auch heute noch wirksam ist und im Sport ein Ventil findet?
3. Wie stellt Wiemann den Zusammenhang von „technischer" Entwicklung und innerartlicher Aggression dar?
4. Welche Unterscheidung trifft Wiemann hinsichtlich der Begriffe Körperübung und Sport?
5. Versuchen Sie zu erklären, warum eine Triebreduzierung von einem Lebewesen als lustvoll empfunden wird und daher einen Verhaltensantrieb darstellt.
6. Welche Konsequenz ergibt sich aus der Tatsache, daß sich die untersuchten Antriebe auch durch andere als sportliche Betätigungen abreagieren lassen?

VII. Kritik an der triebtheoretischen Funktion des Sports

11 Wenn nach KONRAD LORENZ Aggressivität schon nicht sich aus der Welt schaffen läßt, weil sie, erblich bedingt, immer wieder nachwachse, so bliebe einzig der Ausweg, sie ins Harmlose, Spielerische, Unschädliche abzulenken. LORENZ selber empfiehlt den *Sport* als „ausgezeichnetes Ventil für gestaute Aggression". [...] Wie die Kommentkämpfe der Tiere verhindere der Sport „societäts-schädigende Wirkungen der Aggression", bewahre aber zugleich jene „arterhaltenden Leistungen", die von LORENZ der Aggression zugeschrieben werden. Er preist die „*Fairneß* oder Ritterlichkeit des Sports", die auch „unter stark aggressionsauslösenden Reizwirkungen aufrechterhalten" werde.

10 Wer es mit eigenen Augen gesehen hat, wie Fußballspieler in der Hitze des Gefechts sich ein Bein stellen, sich anrempeln, oder wie ein Eishockeyspieler auf den Rücken eines Gegners seinen Schläger knallt, der braucht sich nichts vorzumachen. Man darf annehmen, daß der genaue Beobachter der Tiere bei solchen ,,Spielen'' nie unmittelbar zugesehen hat und auch nie etwas von dem Chauvinismus verspürt hat, der bei
15 Weltmeisterschaften aufflammt. So nur kann er zu den ,,segensreichen'' Wirkungen des Sports auch den ,,wahrhaft begeisterten Wettstreit zwischen überindividuellen Gemeinschaften'' zählen. Das Lob der Begeisterung deutet an, daß dabei nicht nur an die einzelnen Mannschaften gedacht ist, sondern auch an die mit ihnen affektiv mitlebenden Menschengruppen oder Völker.
20 Die schon von FREUD aufgestellte These, daß gefährliche Triebe sich ,,sublimieren'' ließen, also ins Harmlose, wenn nicht gar kulturell Wertvolle, ablenken, diese These müßte in der Welt des Sports sich bestätigen – oder widerlegen. Verhält es sich so, daß im aktiven sportlichen Wettstreit wie im emotionalen Mitleben mit den Wettkämpfern aggressive Verspannungen ebenso wohltuend sich lösten wie unschädlich sich
25 auswirkten? Oder verhält es sich vielmehr so, daß die in scheinbar spielerischem Gegeneinander ,,sportlich'' eingesetzten aggressiven Kräfte nur in ihrer menschenfeindlichen Zuspitzung für den Augenblick gedämpft, aber gleichzeitig auch eingeübt werden? Der sportliche Gegner als ,,Sparringspartner'' einer im Grunde doch immer tödlichen Aggression? Die schlimme Vermutung bestätigt sich durch die mannigfach
30 geschilderten und miterlebten Fälle wo ,,im Eifer'' sportlichen Wettstreites der schonungslose Haß auf den Mitmenschen herauskommt. Der Fußballstürmer, dem kurz vor dem Torschuß ein Verteidiger sich in den Weg stellt, verliert er nur ,,die Nerven'', wenn er den Mann einfach umrennt oder auf ihn einschlägt? Ist hier der Ausdruck ,,die Nerven verlieren'' nicht eher eine schonende Umschreibung für den Wegfall humaner
35 Hemmungen? Dann müßte unter oder hinter den Hemmungen, den Mitmenschen zu treten, immer schon die Hoffnung auf eine sozial anerkannte Gelegenheit, es zu tun, gelauert haben.

Darf man es so sehen? Bestätigt nicht zugleich auch die Erfahrung, daß Menschen, die eine lange geübte sportliche Betätigung aufgeben, im alltäglichen Umgang recht
40 unleidlich werden, ja aggressiv? Diese Erfahrung beweist indessen mit Sicherheit nur das eine, daß plötzlich stillgelegte motorische Energien notwendig in erhöhter nervöser Spannung sich ausdrücken, in einer Spannung, die jederzeit auch in aggressiven Entladungen sich aufheben kann. Es ist dies eine Beobachtung, die gerade am bislang schwer körperlich Arbeitenden zu machen ist, der einen Büroposten übernimmt.

45 Solch abrupter Wechsel des vitalen Lebensstils kann geradewegs zur Kriminalität führen. Wenn ganz allgemein Triebfrustration der entscheidende Ursprung von Aggressivität ist (wenn auch nicht ihr alleiniger Grund), dann ist es die *Frustration des Bewegungstriebes* nicht minder. Dieser Zusammenhang ist nur immer verdunkelt geblieben durch die kulturbedingt enge Assoziation von Trieb-Frustration mit sexuel-
50 ler Frustration, die den bei uns am nachhaltigsten unterdrückten Trieb als das Frustrierbare schlechthin uns vorstellt. So aber konnte der Anschein entstehen, als sei mit dem Wegfall körperlicher Betätigung immer auch schon eine Möglichkeit

entschwunden, einen ursprünglichen Aggressionstrieb, der keiner Frustration sie verdanke, abzureagieren.
Die Rede von der Sublimierbarkeit aggressiver Triebe im Sport stellt also einen Phänomenzusammenhang auf den Kopf. Nicht erst, weil Sportler bei ihrem Training angestaute Wut abreagieren, sind immerhin einige von ihnen weniger aggressiv als ihre körperlich trägen Mitmenschen, sondern schon, weil bei ihnen ein vitaler Unmut aus motorischer Frustration gar nicht aufkommt. Daß daneben namentlich die Akteure rauher Kampfspiele vom geheimen Zorn über viel intimere Frustrationen angetrieben sind, ja sein müßten, war ihren Trainern immer schon geläufig. Was prüde intellektuelle Vorsicht heute noch bestreitet, den aggressionserzeugenden oder doch -erhöhenden Wert sexueller Enthaltung, in den Verhaltensregeln für Fußballspieler und Boxer ist er längst verwertet. Wenn physiologisch unterdessen auch widerlegt ist, daß solche Askese die körperliche Leistungsfähigkeit erhöhe – ihre brutalitätsverstärkende Leistung ist davon nicht berührt.

Arno Plack

Erläuterungen
55 **Sublimierbarkeit:** Wie auch Zeile 20ff. zeigt, wird hier der Begriff nicht in einem engeren Sinne als Umwandlung von Triebkräften zu geistigen Leistungen verstanden, sondern einfach als unschädliche Entladung.

---

1. Gegen wen richten sich die Ausführungen des Textes?
2. Wie lautet die zentrale Aussage, und wie wird sie begründet?
3. Welche anderen Theorien zur Erklärung des Phänomens der Aggression werden zumindest im Ansatz angesprochen, und wo sehen Sie möglicherweise eine Kombination verschiedener Theorien? (vgl. Zeile 14ff., 28, 40ff., 46–48).
4. Welche Konsequenzen wären aus der Annahme einer Frustration eines ursprünglichen Bewegungstriebes zu ziehen? Was wird hier unter einem Trieb verstanden, wenn in diesem Zusammenhang von „geübt" die Rede ist, und welche neue Perspektive eröffnete sich mit der Annahme eines gelernten motorischen Verhaltens?
5. Wie erklären Sie den scheinbaren Widerspruch im Text, daß der Sport dem Bewegungstrieb Gelegenheit zur Befriedigung bietet, er aber dennoch negativ gekennzeichnet ist?
6. Vergleichen Sie die im Text vertretene Auffassung zur sexuellen Enthaltsamkeit bei Sportlern mit der Auffassung Adams.

1. Beschreiben Sie die abgebildete Situation.
2. Kennzeichnen Sie das Verhalten der verschiedenen Personen und verwenden Sie dabei die Kategorien: aggressiv, defensiv, neutral.

VIII. Aggressives Zuschauerverhalten

12

In den Fußballstadien kann das Publikum seine Aggressionen loswerden. Der wochentags hart arbeitende Mensch schreit sich sein Elend aus dem Leib. Doch oft wird aus dem Spiel blutiger Ernst mit Toten und Verletzten. Schwerbewaffnete Polizisten heizen den Aufruhr noch mehr an. Der Profi-Fußball wird zum Kriegsersatz

Schlachtfeld Stadion

Orgasmusschwierigkeiten von Tausenden in aller Öffentlichkeit frank aus der Brust herausgesungen: Wo bekäme ein Verhaltensforscher solche Gelegenheit zur Massenstudie wie auf dem Fußballplatz. Flucht in den Suff, in Ersatzbefriedigungen, in Ersatzorgasmen sind gemeinhin Zeichen für ein Reifedefizit im Menschen. Dadurch erklärte sich vielleicht die Beeinflußbarkeit der Fußballmassen, sei es durch puren Kommerz oder durch unverholenen Chauvinismus.

Eine Probe, wo sich beides zu einer perfiden Mischung vereint, ist jenes Lied, das zu singen sich die deutsche Fußballnationalmannschaft hergegeben hat: Das klingt, als sängen zwei Dutzend Tony Marshalls das Horst-Wessel-Lied — sie kämpfen und geben alles, einer für alle und alle für einen, um Sieg und Freud' und Ehr'.

Als Kriegsersatz kann das Fußballspiel jedoch nur mit solchem Beiwerk funktionieren. Wenn Stadionsprecher die Mannschaftsaufstellungen ablesen, lassen sie oft nach dem Feindesnamen eine Pause, um dem Publikum Gelegenheit zu geben, hinter jeden Gastspieler ein hämisches „Na, und?"-Fragezeichen zu setzen. Anschließend fordert nämlicher Stadionsprecher das Publikum zu Fairneß gegenüber dem Gegner auf und bittet gleichzeitig, die eigene Elf kräftig zu unterstützen.

So wird das Publikum dressiert, das Feindbild ist ihm schon durch die Sprache eines Sportjournalismus vorgegeben, der hinter Sprachklischees nur die Gedankenklischees verbirgt. Aber gerade durch Klischeehaftigkeit, Schlachtenbeschreibungen mit militärischem Jargon und kriegerischen Prognosen heizt er die Emotionen an. Dazu, einen Augenblick vor Ausbruch der Feindseligkeiten eines Länderspieles, die Nationalhymne, und es tritt der durchaus gewünschte Effekt ein, den Friedrich Hacker so umschreibt: „Durch nationale Symbole verstärkt, wird... die Wichtigkeit von Sieg und Niederlage maßlos... überschätzt."

Horst Vetten

Das Spiel ist aus. Die Zuschauer haben ihren Seelenmüll und anderen Müll abgeladen

Vom Alkohol beflügelt, genießen viele Zuschauer das Fußballspiel wie ein rauschhaftes Ersatzerlebnis.

14 **Kommerz:** lat. Handel und Verkehr, hier: Gewinnstreben
17 **perfid:** lat. tückisch, gemein

22 f. **Horst-Wessel-Lied:** Kampflied der Nationalsozialisten

---

1. Nennen Sie Funktionen, die dem Profi-Fußball im Text zugeschrieben werden. Warum bezieht sich der Autor gerade auf diese Sportart?
2. Welche Wirkung wird der Sprache des Sportjournalismus zugeschrieben? Sammeln Sie im Sportteil der Tageszeitungen Belege.
3. Der Autor des Textes ist selbst Journalist. Nennen Sie Merkmale seiner Sprache im Text und erörtern Sie ihre Wirkung.
4. Weisen Sie im Text die Verquickung der verschiedensten theoretischen Ansätze zur Erklärung des Phänomens der Aggression in der Verwendung eines sozial-psychologischen und psychoanalytischen Vokabulars nach.
5. Leistet der Text nach Ihrer Meinung einen sachlichen Beitrag zur Erhellung negativer sozialer Verhaltensweisen?

IX. Identifikation und Aggression

13 Wenn man das Thema „Sport und Aggression" zunächst einmal unreflektiert ins Auge faßt, fallen einige Zusammenhänge auf. Da ist zunächst einmal die Tatsache, daß die Spieler – etwa im Fußball – ihre Aggressionen weit besser zu zügeln wissen als etwa die Zuschauer. Als vor einigen Jahren eine süditalienische Fußballmannschaft aus der A-Liga ausgeschlossen wurde, kam es zu bürgerkriegsähnlichen Szenen. Autos wurden umgestürzt, Barrikaden errichtet, Polizei und Demonstranten gerieten sich in die Haare, es gab viele Verletzte. Zwischen zwei mittelamerikanischen Staaten ist sogar schon einmal ein „Fußballkrieg" ausgefochten worden, in dem es über 3000 Tote gab. Körperverletzungen bis zum Totschlag im Stadion sind gerade in Südamerika keine Seltenheit, aber nicht die Spieler sind es, die derart aggressiv werden, sondern die Zuschauer, die fanatischen Anhänger der einen oder anderen Mannschaft.

Wie läßt sich das erklären? Sicherlich mag die Wahrscheinlichkeit groß sein, daß unter einigen tausend Zuschauern der eine oder andere Jähzornige ist, der seine aggressiven Reaktionen nur ungenügend kontrollieren kann. Aber die Bereitschaft des mehr oder weniger passiv bleibenden Konsumenten sportlicher Veranstaltungen, aggressiv zu reagieren, hat wohl noch eine weitere Ursache. Für ihn ist der Weg in die koordinierte, sinnvolle Aktivität nicht möglich, die ja das eigentliche Wesen des Sportes ausmacht. Er kann, was an „Ballzauber" auf dem Rasen stattfindet, nur passiv genießen. Dabei fühlt er sich automatisch in die Bewegungsabläufe der Spieler ein – beim Elfmeter zuckt es ihm im rechten Bein, und beim Torschuß reißt er, ähnlich dem erfolgreichen Spieler, jubelnd die Arme hoch. Doch soll er während der ganzen Zeit auf seinem Platz bleiben; seine Handlungsfreiheit bleibt blockiert. Gerade diese Verbindung von gefühlshafter Erregung und körperlicher Ruhe kann die Voraussetzungen für einen explosiven Ausbruch aggressiver Reaktionen schaffen, die sich gegen den einen oder anderen Sündenbock richten. Der Spieler hingegen ist zwar ebenfalls emotional stark beteiligt – für ihn geht es um Sieg oder Niederlage der Mannschaft, um Anerkennung oder Ablehnung durch seine Kameraden und durch die Zuschauer und nicht zuletzt um oft erhebliche Geldsummen. Aber er kann sich ständig bewegen, kann versuchen, durch Einsatz eine Scharte auszuwetzen. Zudem weiß er durch lange Übung, daß unkontrollierte Aktionen ihm und seiner Mannschaft mehr schaden als nützen. Deshalb erreicht seine emotionale Spannung nur selten einen Punkt, an dem sie zu blinden, tobsüchtigen Reaktionen führt. Zudem ist es noch sehr wichtig, daß die Fußballmannschaft eine hochgradig strukturierte Gruppe ist. Im Publikum kann demgegenüber die Ansteckung durch aggressive Gefühle deshalb leichter um sich greifen, weil die Zuschauer einander nicht kennen und sich deshalb auch nicht gegenseitig beruhigen können. [. . .]

In den meisten Sportarten dominiert die Aktivität. Aggression, also Beschädigung des Gegners, wird durch die Regeln verboten und emotional als unfair erlebt. Freilich sind die Übergänge zwischen Aktivität und Aggression gerade in den sogenannten Kampfsportarten fließend, doch ist es fast immer das Ziel, mit möglichst wenig direkter

Aggression das Ziel zu erreichen. Die zahlreichen Regeln, welche z. B. fordern, den Ball und nicht den Gegner zu schlagen bzw. zu treten, sind ein interessanter Beweis dafür. Es ist sehr fragwürdig, hier von „ritualisierter" Aggression zu sprechen, als ob
45 das Ziel des Wettkampfes zuerst einmal die Beschädigung des Gegners wäre und erst in zweiter Linie umgelenkt worden wäre. Vielmehr scheint es mir im Sport vorwiegend um den Versuch zu gehen, in einer mehr oder weniger schwierigen Aktivität Höchstleistungen zu erzielen und den Gegner dabei zu übertreffen. Psychoanalytisch gesprochen: Es geht nicht so sehr um Aggression wie um Narzißmus, d. h.
50 um Selbstliebe und Geltungsbewußtsein. Die elegant herausgespielte Kombination, die vom Torschuß gekrönt wird, der maßgerechte Paß – sie dienen subjektiv mehr der Selbstbestätigung der Spieler und der Mannschaft als der Unterwerfung des Gegners. Ganz deutlich ist das in jenen Sportarten, in denen Rekorde angestrebt werden. Hier wird die narzißtische Selbstbestätigung der eigenen Leistungsfähigkeit zum Selbst-
55 zweck. Aber selbst in den wenigen eindeutig auf aggressive Auseinandersetzung ausgerichteten Sportarten, wie dem Boxen, ist der Narzißmus der Kontrahenten, ihre Neigung, in der eigenen Leistung kindliche Phantasien von Allmacht und Größe wiederzubeleben, sehr deutlich. Cassius Clay, als „Großmaul" verschrieen und doch ein talentierter Boxer wie kaum ein anderer, hat diese Phantasien nur rücksichtsloser
60 ausgesprochen als andere Sportler.
Die Faszination einer Weltmeisterschaft gehört ebenfalls in den Bereich des narzißtischen Erlebens. Jeder einzelne Angehörige einer Nation kann sich mit der siegreichen Mannschaft identifizieren und seine sonst unterdrückten Phantasien von Grandiosität, Allmacht und Exhibitionismus in dieser Verschmelzung erleben. Wer sich als
65 Psychoanalytiker intensiv mit den Träumen und Tagträumen sonst bescheiden und realistisch auftretender Menschen befaßt, findet immer wieder Bruchstücke solcher narzißtischen Phantasien, in denen das Individuum sich mit idealisierten, allmächtigen Phantasiegestalten identifiziert. Das wird gefährlich, wenn diese Gestalt fanatische Aggression vertritt, weil dann das eigene aggressive Verhalten nicht mehr verantwort-
70 lich kontrolliert wird. [...]
Doch das Publikum will in den Aggressionen der hochbezahlten Akteure die eigenen Gefühle stellvertretend agiert sehen. Damit schließt sich der Kreis; wir sind zu unserem ersten Gedanken zurückgekehrt: Daß Aggression im Sport mindestens ebenso ein Problem des Publikums ist wie eine Frage nach dem Verhalten der
75 Sportler selbst. Was wir von der Gruppen- und Massenpsychologie wissen, spricht jedenfalls dafür, daß jedes Publikum die Sportler hat, die es verdient. *Wolfgang Schmidbauer*

Erläuterungen

1 **unreflektiert:** hier: ohne gründliches Nachdenken
7–9 Verf. spielt hier auf den sogenannten „Fußballkrieg" zwischen Honduras und El Salvador an, der in zeitlichem Anschluß an ein Fußballspiel stattfand.
27 **emotional:** gefühlsmäßig

34 **hochgradig strukturierte Gruppe:** eine Fußballmannschaft weist einen Aufbau auf, z. B. die genaue Aufgabenteilung der Gruppenmitglieder, ihre Positionen auf dem Spielfeld
44 **ritualisierte Aggression:** vgl. Lorenz Text II, 2. Erläuterung 66

48/49 **Psychoanalytisch:** vgl. Lorenz Text II, 2. Erläuterung 8
49 **Narzißmus:** erotische Hinwendung zum eigenen Körper hier: Verliebtheit in das eigene Ich
63 **identifizieren:** vgl. den nachfolgenden Lexikonartikel

64 **Exhibitionismus:** lat. „zur Schau stellen", eine sexuelle Anomalie mit dem Bedürfnis, die Genitalregion zu zeigen, hier: krankhafter Drang, sich selbst zur Schau zu stellen

---

1. Bei welcher Beobachtung setzt Schmidbauer an, um seinen Gedankengang zu entwickeln?
2. Wie begründet Schmidbauer die aggressive Reaktion beim Zuschauer, und wodurch wird sie beim aktiven Sportler verhindert? (vgl. hierzu A. Plack, Text 11)
3. Aus welchen Gründen strebt der Mensch nach der Ansicht der Psychoanalytiker Höchstleistungen an, und mit welchem Terminus wird dieses Phänomen im vorliegenden Text bezeichnet? (Zeile 49 ff.)
4. Welcher Vorgang ist Voraussetzung dafür, daß die Beweggründe der Aktiven von den Zuschauern geteilt werden, und wie lautet der Terminus in der Psychoanalyse hierfür?
5. Erläutern Sie den Sachverhalt in Zeile 68 ff. im Rückgriff auf Bandura-Walters, Text 3, und stellen Sie den Zusammenhang von Identifikation und Narzißmus dar.
6. Diskutieren Sie die Auffassung, welche der letzte Satz des Textes zum Ausdruck bringt.

---

14 **Idealbildung**
I. = Ideal, IB. = Idealbildung

Ideal (von griech. eidos = Idee, Urbild) bezeichnet das vom Menschen innerlich geschaute, vollkommene Bild eines Menschen, einer Sache, eines Verhaltens, das →Vorbild und →Leitbild seines Handelns sein kann. *Idealbildung* meint das Entstehen von Idealen, die dem Leben des jungen Menschen entscheidende Impulse für seine Ich-Findung und sein Hineinwachsen in die Gesellschaft geben. 1. Vorstufen der IB. finden sich schon im Kleinkindalter (Vorbild der Eltern, Identifikationen im Rollenspiel). In der →Reifezeit werden die mit den Idealvorstellungen verbundenen Werte bewußt erlebt, „entdeckt". Während die „Heldenideale" der Vorpubertät noch unproblematisch, z. T. im Spiel konkretisiert werden (Abenteurergestalten), braucht der Jgdl. das I. immer mehr, um Bestätigung des eignen Ichs zu finden (Identifikationsprobleme). Nach SPRANGER bildet sich jetzt ein „Persönlichkeitsideal", orientiert meist an persönlich nahestehenden Menschen (vgl. auch THOMAE).
2. Nach S. FREUD ist das Überich (→Ich-Es-Überich) Träger des *Ich-Ideals*. Das Ich setzt sich mit der Realität, dem Es und dem Überich auseinander und muß die Herrschaft über die Triebansprüche des Es gewinnen. Die dem Es innewohnenden Grundtriebe (Liebes- und Todestrieb) erzeugen verschiedene Formen der *Angst*. Die

Techniken, mittels deren die Angst (z. B. ,,vom Trieb überschwemmt zu werden") vermieden wird, hat A. FREUD als *Abwehrmechanismen* bezeichnet; zu diesen gehören auch die IB.en des Jgdl.n. Die Anfangsstadien der Pubertät sind ein Versuch zur vorübergehenden Übersetzung aller Überich-Inhalte.
Die I.e des Jgdl.n sind nach A. FREUD so zu erklären, daß an die Stelle der früheren Bindungen an die Kindheitsobjekte zahlreiche neue Bindungen an Gleichaltrige oder ältere Führergestalten entstehen, auch stark affektiv besetzte vorübergehende Liebesbeziehungen sowie wechselhafte IB.en in Weltanschauung, Politik, Religion u. a. Alle Abwehrleistungen haben den Sinn, das Ich zu konsolidieren und eine Harmonie von Es, Überich und Ich herbeizuführen.
3. Pädagogisch bedeutsam sind *andauernde, gleichbleibende* I.e, welche die Richtung eines Menschenlebens oder einer ganzen Gruppe bestimmen können. Aufgabe der Erziehung ist es, gerade die durch das Triebleben erschütterte jgdl. Persönlichkeit an bleibende *Werte* heranzuführen, für die sich der Einsatz lohnt (vgl. EMNID-Befragung 1965 bei BLÜCHER). Die Befähigung, Werte zu erleben, setzt schon früh beginnende Ausgestaltung und Differenzierung des Gefühlslebens voraus und vorgelebte dauerhafte Gefühle und Wertbindungen der Erziehenden.
Lit.: E. Spranger, Psychol. des Jugendalters (1924, [26]1960); A. Freud, Das Ich u. die Abwehrmechanismen (1936); S. Freud, Gesamtausgabe Bd. XV (1942–52); H. Thomae, Beiträge zur Entwicklungspsychol. der Motivation, in: Hdb. d. Psychol., Bd. 3 ([2]1959); V. Graf Blücher, Die Generation der Unbefangenen (1966). *W. Andresen*

Identifikation
I. oder Identifizierung bezeichnet in einem *allgemeinen* Sinne die Feststellung einer Identität. Im *speziellen* Sinne bezeichnet sie die Übernahme von Werthaltungen, Gefühlen und Verhaltensmustern. Dies ist die heute überwiegende Bedeutung und meint im wesentl. den Vorgang einer *gefühlsmäßigen Bindung an* eine andere *Person, Gruppe* oder auch *Idee,* in deren Folge die sich identifizierende Person zeitweise oder relativ überdauernd sich wie das I.subjekt verhält, so denkt oder fühlt. In der Regel zielt der Begriff I. umfassende Persönlichkeitsveränderungen an, während man bei der Übernahme von spezif. Verhaltensweisen eher von Imitation (→Nachahmung) spricht.
Das Wort I. wird zum erstenmal im obengenannten Sinne von FREUD verwendet. Er versteht unter I. die Angleichung eines Ichs an ein fremdes durch Hereinnahme (Introjektion) in das Ich. Erste Objekte von I.en sind die Eltern. FREUD unterscheidet für die frühe Kindheit zwischen der *primären* I. des Säuglings mit der pflegenden Mutter (bei noch fehlender Subjekt-Objekt-Differenzierung) und – bei Jungen – der mit Bedürfnissen und Ängsten der Ödipussituation zusammenhängenden *sekundären* I.: aus der Furcht vor Kastration gibt der Junge seine Rivalität mit dem Vater auf und identifiziert sich mit ihm, womit er die gewünschte Zuneigung der Mutter nun stellvertretend erfährt. Diese letztere I. bildet die Grundlage der Entwicklung des Über-Ichs (Gewissen), d. h. der →Internalisation der elterl. Wertvorstellungen. Sie stellt den Grundtyp einer I. *mit dem Aggressor* (ANNA FREUD) oder abwehrenden I. (MOWRER) dar. Einem entgegengesetzten Motiv gehorchen die *anaklitischen,* anleh-

nenden oder entwicklungsbedingten I.en als Reaktionen auf einen drohenden oder tatsächl. Verlust liebevoller Zuwendung.
Außer durch Androhung von Strafe und von Liebesentzug können Personen oder Ideen zum I.s-Objekt werden: 1. aufgrund der von ihnen ausgeteilten Belohnungen; 2. aufgrund der Tatsache, daß sie Belohnungen erhalten, die als Belohnungen der eigenen Person erlebt werden oder um die sie beneidet werden; 3. weil sie über Belohnungsmittel Verfügungsgewalt ausüben; 4. wenn bei ihnen eine Ähnlichkeit mit der eigenen Person festgestellt wird.
Als empirisches Maß für den *Grad* der I. wird in der Regel die (Zunahme der) Ähnlichkeit zwischen Selbstbeschreibung oder eigenem Verhalten und Beschreibung oder Beobachtung des vermuteten I.sobjekts verwendet.

Lit.: M. Scheler, Wesen u. Formen der Sympathie (1923); S. Freud, NF. der Vorlesungen zur Einführung in die Psychoanalyse (1932), in: Ges. Werke XV (London 1940); J. Kagan, The Concept of I., in: Psychol. Rev. 65 (1958); U. Bronfenbrenner, Freudian Theories of I. and their Derivatives, in: Child Development 31 (1960); R. F. Winch – H. E. Gross, I. and its Familial Determinants (Indianapolis 1962); P. F. Secord – C. W. Backman, Social Psychology (New York 1964); A. Bandura, Social-learning Theory of Identificatory Processes, in: D. A. Goslin (Hrsg.), Handbook of Socialization Theory and Research (Chicago 1969). *H. M. Trautner*

C. Kontrolle sportlich aggressiven Verhaltens

Der sachkundige Zuschauer sportlicher Ereignisse kann zumeist mit einiger Sicherheit sagen, ob ein Verhalten der Aktiven den Regeln für die betreffende Sportart entspricht oder ob ein Regelverstoß vorliegt. Auch der Laie sieht am Verhalten der Wettkampfleiter, wie das Verhalten der Aktiven im Hinblick auf die Regeln bewertet wird. Wenn er sich um ein sachliches Verhältnis zum Geschehen bemüht, wird er die Entscheidung der Offiziellen akzeptieren und sich erstaunt fragen, warum so viele Entscheidungen von Zuschauern mit Mißfallensäußerungen bedacht werden. Wenn wir von der Möglichkeit der Fehlentscheidung einmal absehen, so gibt es offensichtlich Fälle, in denen man verschiedener Meinung sein kann und auch ist. In den wenigsten Fällen werden sich jedoch Laie und sachkundiger Zuschauer eine Vorstellung davon machen können, was über die Spiel- und Wettkampfbestimmungen hinaus an schriftlich fixierten Verhaltensnormen, an Instanzen und Zuständigkeiten entwickelt wurde, um einen ordnungsgemäßen sportlichen Wettkampfbetrieb zu gewährleisten. Selbst wenn er von der Sportgerichtsbarkeit schon einmal etwas im Zusammenhang mit Skandalen gehört hat, so ist doch nur den wenigsten bekannt, daß Sport als Teilbereich unseres gesellschaftlichen Lebens auch dem für die Gesellschaft gültigen Recht untersteht. Und vor dem Hintergrund dieses Rechts sind sogar die sportlichen Handlungsweisen des einzelnen Aktiven und natürlich auch der übrigen am Sport in irgendeiner Weise Beteiligten zu sehen. Um hier Stellung nehmen zu können, muß man erst einmal wissen, woher die Maßstäbe für eine Beurteilung des Verhaltens zu nehmen sind und worauf sie Anwendung finden können.

I. Die Satzungen der Vereine und Verbände

15 *VIII. Rechts- und Verfahrensordnung*
Allgemeine Grundsätze

Zweck der Rechts- und Verfahrensordnung ist die Überwachung der allgemein anerkannten sportlichen Grundsätze sowie die Ausführung der von den satzungsgemäßen Organen gefaßten Beschlüsse, die einen geordneten Spielbetrieb ermöglichen.
Die Rechtsprechung wird ausgeübt durch unabhängige Rechtsorgane, die gemäß den Bestimmungen der Satzungen des WFV gewählt werden und bei Ausübung ihrer Tätigkeit nicht an Weisungen von Verwaltungsorganen gebunden sind, sondern ausschließlich nach ihrem Gewissen sowie den geschriebenen und ungeschriebenen sportlichen Gesetzen zu urteilen haben.
Alle aus Anlaß des Sportverkehrs entstehenden Streitigkeiten zwischen Verbänden, Vereinen und einzelnen Mitgliedern werden ausschließlich von den in dieser Rechts- und Verfahrensordnung benannten Rechtsorganen im Rahmen ihrer Zuständigkeiten entschieden.

Alle Mitglieder des WFV sind verpflichtet, derartige Streitigkeiten vor diese Rechtsorgane zur Entscheidung zu bringen, und zwar unter Einhaltung des vorgeschriebenen Instanzenweges. Die Anrufung der ordentlichen Gerichte ist nur zulässig mit Genehmigung des zuständigen Landesverbandes, bei Vertragsspielern des Vorstandes des WFV. Eine Anrufung der ordentlichen Gerichte ohne die erforderliche Genehmigung kann mit Ausschluß aus dem Verband geahndet werden. 20

1. Was wird als Zweck der „Rechts- und Verfahrensordnung" oben genannt?
2. Was sichert außerdem einen „geordneten Spielbetrieb"?
3. Versuchen Sie zu definieren: a) allgemein anerkannte sportliche Grundsätze, b) ungeschriebene sportliche Gesetze, c) geschriebene sportliche Gesetze. Worin sehen Sie die Schwierigkeiten dieses Definitionsversuchs?
4. Kennen Sie andere Bereiche, in denen es neben geschriebenen auch ungeschriebene Gesetze gibt? Nennen Sie Beispiele.

1. Was könnte dieser Situation vorausgegangen sein, und woraus ist das ersichtlich?
2. Beschreiben Sie die Verhaltensweisen der Personen und verwenden Sie dabei die Kategorien: aggressiv, defensiv, neutral.
3. Welche Zielrichtung hat das Verhalten der einzelnen Personen?
4. Welche Funktion haben die Personen, und woraus ist das zu ersehen?
5. Spielregeln im engeren Sinne geben einem Spiel seine charakteristische Form und regeln das Verhalten im Spiel. Kann man von diesen Spielregeln her die Folgen ableiten, die das Verhalten der abgebildeten Personen haben könnte?

Neben den Spielregeln gibt es noch allgemeine Vorschriften, welche das Verhalten der Beteiligten auch außerhalb des sportlichen Wettkampfes regeln. Die Satzungen der Vereine und Verbände enthalten einen umfangreichen Katalog von Geboten, Verboten und Strafen. Was hier für das Spiel gesagt wird, gilt in ähnlicher Weise für andere sportliche Wettkampfformen.

Auszug aus der Fußball-Spielordnung

16 § 10
Allgemeines Verhalten der Mannschaften und Spieler

1. Von allen aktiven Spielern wird während der Ausübung des Sportes strenge Selbstbeherrschung und Achtung vor den Vertretern des Verbandes und seiner Unterorganisationen, vor dem Schiedsrichter, dem Gegner und Zuschauer verlangt.
  Streng verboten sind daher:
  a) rohes Spiel;
  b) Tätlichkeiten und Beleidigungen gegen Schieds- und Linienrichter, Gegner und Zuschauer;
  c) Kritisieren der Anordnungen und Entscheidungen des Schiedsrichters;
  d) aufreizende Bemerkungen, gleichgültig an wen sie gerichtet sind;
  e) lügnerisches Verhalten und unwahre Angaben;
  f) eigenmächtiger Spielabbruch.
  Vorgenannte Vergehen können neben den durch den Schiedsrichter verhängten Strafen (Platzverweis) durch die Organe mit Spielverbot, in besonders schweren Fällen durch zeitlichen oder dauernden Ausschluß bestraft werden.
2. Auch außerhalb der Ausübung des Sportes wird von allen Vereinsmitgliedern die Wahrung des sportlichen Anstandes und der sportlichen Disziplin, insbesondere die Befolgung aller satzungsgemäßen Anordnungen der Verwaltungsorgane sowie Wahrhaftigkeit bei Auskünften verlangt.
3. Die Mannschaften müssen pünktlich zum festgesetzten oder vereinbarten Spielbeginn antreten.
4. Jeder Spieler muß vor Beginn eines jeden Pflicht- und Freundschaftsspieles dem Schiedsrichter seinen Spielerpaß vorlegen.

1. Nach welchen Kategorien könnte man den Text gliedern?
2. Welcher der hier angeführten Punkte könnte bei der Beurteilung der Situation in Abb. 2 Anwendung finden?
3. Nennen Sie Beispiele für ein Verhalten, auf welches die Kennzeichnungen a) bis f) zutreffen.

Sporttreiben kann an einen Punkt gelangen, wo das Miteinander innerhalb und außerhalb des Spiels sich nicht mehr von selbst versteht. Die Formulierung und Überwachung von Verhaltensnormen könnte man als ein kennzeichnendes Element des organisierten Sports ansehen. Diese Normen gelten nicht nur für aktiv Sporttreibende; gleiche oder ähnliche Normen gelten auch für die Mitarbeiter der Vereine und Verbände. Auch ihr Handeln soll den Regeln und Gesetzen des sportlichen Anstandes folgen.

Aggressives Verhalten und seine Ahndung ereignen sich jedoch überwiegend im Zusammenhang mit Spielhandlungen oder mit der Rolle des Zuschauers. Die nachfolgenden Überschriften geben einen Überblick über die Teile der „Satzungen und Ordnungen", welche auf Strafen und Verbote in irgendeiner Weise Bezug nehmen. In ihnen manifestiert sich der Versuch der Vereine und Verbände, positiv auf die Beteiligten einzuwirken und aggressiv schädliches Verhalten zu kontrollieren.

|17|

Fußball-Spielordnung G Automatische Strafen	S. 35
Verbands-Jugendordnung Zuständigkeit der Rechtsorgane	S. 91
Rechts- und Verfahrensordnung H Einstweilige Verfügungen Beschwerden und Berufungen	S. 111
DFB-Jugendordnung § 11 Erziehungsmaßnahmen	S. 142

18	**Westdeutscher Fußballverband e. V.**	41 Duisburg, Postfach 1,
	Friedrich-Alfred-Straße 5	Telefon 771991
		Postscheckkonto Essen 5044
		Volksbank Ruhrort eGmbH.
		D.-Ruhrort

– Verbandsgericht –

Urteil

In dem Verfahren von Amts wegen

gegen den Spieler Hans Guda*, VfB Westhofen 1919 e. V., Paß-Nr. 1132, wegen seines Platzverweises in dem Pokalspiel SSV Kalthof/VfB Westhofen am 3. 1. 71

hat das Verbandsgericht des Westdeutschen Fußballverbandes e. V. in seiner Sitzung vom 26. 3. 71 durch seine Mitglieder

Friesen*	FV	Niederrhein	Vorsitzender
Hall*	FuLV	Westfalen	Beisitzer
Wothmann*	FuLV	Westfalen	Beisitzer

auf die Berufung des VfB Westhofen 1919 e. V. gegen das Urteil der VSK/Westfalen vom 13. 2. 71

für Recht erkannt:

1. Die Berufung des VfB Westhofen 1919 e. V. gegen das Urteil der VSK/Westfalen vom 13. 2. 71 wird zurückgewiesen.

2. Die Kosten des Berufungsverfahrens trägt VfB Westhofen; die Berufungsgebühr ist verfallen.

Entscheidungsgründe:

Tatbestand:

In dem Pokalspiel SSV Kalthof/VfB Westhofen am 3. 1. 71 ist der Spieler Hans Guda, Paß-Nr. 1132, in der 89. Minute des Feldes verwiesen worden; nach dem Spielbericht hat sich folgendes ereignet:

---

* Der Name wurde von der Redaktion geändert.

„In der 89. Minute wurde von mir auf Tor entschieden, als der Ball mit vollem Durchmesser die Torlinie überschritten hatte. Mein Standort links neben dem Tor auf der Torlinie. Als der Spieler Hans Guda nach vergeblichem Versuch, den Ball vor Überschreiten der Torlinie aufzuhalten, meine Torentscheidung erkannte, kam er mit wütendem Gesichtsausdruck auf mich zugelaufen. Er versetzte mir einen Tritt, der mich am rechten Außenknöchel traf. Der Ball befand sich nicht in meiner Nähe. Daraufhin erfolgte der Feldverweis. Es bestehen nicht die geringsten Zweifel an der Absicht des Spielers."

In dem von Amts wegen vor der VSK/Westfalen anhängig gemachten Verfahren hat die Vorinstanz nach durchgeführter Beweisaufnahme dann folgendes Urteil gefällt:

1. Der Spieler Hans Guda, VfB Westhofen, wird wegen Tätlichkeit gegen den Schiedsrichter in eine Sperrstrafe von 1 Jahr – bis zum 4. 1. 72 – genommen.
2. Kosten des Verfahrens Spieler Hans Guda, ersatzweise VfB Westhofen.

Gegen dieses Urteil hat Westhofen für sich und seinen Spieler Hans Guda Berufung eingelegt und im wesentlichen eingewendet, daß ein „tätlicher Angriff gegen den Schiedsrichter" nicht nachgewiesen sei und daher eine Bestrafung des Spielers Hans Guda nicht Rechtens wäre.

Wegen der Einzelheiten der Urteilsbegründung, der Berufungsbegründung, des Vorbringens der Beteiligten in der mündlichen Verhandlung sowie der Zeugenaussagen wird auf den Akteninhalt Bezug genommen.

In tatbeständlicher Hinsicht ist das Verbandsgericht zu folgender Feststellung gelangt: Der Spieler Hans Guda hat nach dem Torpfiff des Schiedsrichters den zur Mitte sich bewegenden Schiedsrichter verfolgt und ist mit dem Schiedsrichter „kollidiert"; nach dem Zusammenstoß hat der Spieler sich sofort wieder vom Schiedsrichter abgewandt, so daß der Schiedsrichter ihm folgen mußte, um ihm vernehmlich den Platzverweis zu bekunden.

Der Schiedsrichter erklärt, vom Spieler Hans Guda am Knöchel getroffen worden zu sein; der Spieler Hans Guda bestreitet dies und wendet ein, daß – wenn der Schiedsrichter bei der „Kollision" von ihm getroffen worden sein sollte – dies unabsichtlich infolge eines Ausrutschens auf dem schneeglatten Boden geschehen wäre.

Begründung:

Die Berufung des VfB Westhofen gegen das Urteil der VSK-Westfalen erfolgte form- und fristgerecht; sie war daher zulässig.

In der Sache mußte ihr jedoch der Erfolg versagt werden.

Zur Überzeugung des Verbandsgerichts war festzustellen, daß der Spieler Hans Guda aus eigenem Entschluß und ohne Rechtfertigungsgründe in schnellem Lauf sich nach vorn bewegt und dabei die Gehrichtung des Schiedsrichters gekreuzt hat; die Gesamtwürdigung der Zeugenaussagen läßt auch keinen Zweifel zu, daß es dabei zu einer Berührung zwischen diesen beiden Personen gekommen ist.

Da jedoch unstreitig feststeht, daß vor diesem Ereignis der Schiedsrichter auf Tor erkannt hatte, bestand für den Spieler Hans Guda nicht der geringste Rechtfertigungsgrund, die Nähe des Schiedsrichters aufzusuchen; die Einlassung des Spielers, er sei dem weggetrudelten Ball nachgelaufen, konnte bei diesem Sachverhalt nur als reine Schutzbehauptung gewertet werden, da nach der Torentscheidung des Schiedsrichters für den Spieler nicht mehr der geringste Anlaß bestand, sich um den Ball zu bemühen.

Selbst wenn man unterstellt, daß der Spieler nicht die Absicht gehabt hätte, in irgendeiner Weise gegen den Schiedsrichter tätlich zu werden, so hat der Spieler in jedem Falle, jedoch ohne Rechtfertigungsgründe, die Möglichkeit eines Zusammenpralls mit dem Schiedsrichter in Kauf genommen; mit diesem Verhalten aber hat der Spieler gegen den § 40e der FSpO/WFV verstoßen.

Die vorbezeichnete Bestimmung besagt, daß bei einem tätlichen Angriff auf den Schiedsrichter die *Mindeststrafe* 1 Jahr beträgt, so daß – nachdem unter Berücksichtigung vorstehender Überlegungen der Tatbestand des tätlichen Angriffs auf den Schiedsrichter festgestellt werden mußte – auf diese Mindeststrafe von 1 Jahr zu erkennen war.

Das Urteil der Vorinstanz ist somit Rechtens ergangen, auch in der Berufungsinstanz war es mangels entsprechender gesetzlicher Bestimmungen nicht zulässig, von dieser Mindeststrafe abzusehen bzw. dieselbe zu mindern.

Das Verbandsgericht nimmt jedoch in diesem Zusammenhang nochmals Veranlassung, sich mit Blickrichtung auf den Gesetzgeber mit der Frage auseinanderzusetzen, ob diese Strafbestimmung in vollem Umfang satzungsmäßig aufrechterhalten werden darf.

Das Verbandsgericht verkennt durchaus nicht, daß ein unverzichtbares Bedürfnis dafür besteht, durch erhöhte Strafandrohung die Position des Schiedsrichters zu stärken und ihn vor Übergriffen zu schützen.

Auf der anderen Seite erweist sich jedoch – wie im vorliegenden Falle –, daß so mancher Sachverhalt im Sinne des Wortes der Bestimmung einen „tätlichen Angriff auf den Schiedsrichter" darstellt, das Ausmaß des Verschuldens des Spielers jedoch so gering ist, daß die Mindeststrafe von 1 Jahr in keinem gerechten Verhältnis zum Grad des festgestellten Verschuldens steht.

Insbesondere auch mit Rücksicht darauf, daß der Spieler Hans Guda bei der Verhandlung selbst einen vorzüglichen Eindruck hinterlassen hat, wäre das Verbandsgericht

im vorliegenden Falle – wie wahrscheinlich auch die Vorinstanz – sicherlich zu einer geringeren und damit zu einer gerechteren Bestrafung gelangt, wenn die Satzung in rechtlicher Hinsicht dafür auch nur die geringste Handhabe bieten würde.
Da das bis jetzt noch nicht der Fall ist, mußte daher das Urteil der Vorinstanz in vollem Umfang bestätigt werden.

Die Entscheidung über die Kosten folgt aus § 64 RO/WFV.
Das Urteil ist rechtskräftig, da die Voraussetzungen der Zulassung der Revision gemäß § 30 RO/WFV nicht gegeben waren.

Westdeutscher Fußballverband e. V.
Verbandsgericht
gez. H. Friesen, Vorsitzender

Urteil verkündet: 26. 3. 71
zugestellt mit Begründung: 6. 4. 71

---

1. Beschreiben Sie kurz den Vorfall und stellen Sie die beiden Auffassungen vom Tathergang einander gegenüber.
2. Was versteht man unter einer Schutzbehauptung?
3. Versuchen Sie die psychische Situation des Angeklagten und des Schiedsrichters in der Tatsituation zu analysieren.
4. Wie bezeichnet man in der Psychologie das Verhalten des Spielers? (vgl. Text 6)
5. Welche Ursache hat nach der Aussage des Schiedsrichters die Wut des Spielers, und wogegen richtet sie sich? Nennen Sie andere Möglichkeiten.
6. Wie hätte der Spieler wahrscheinlich reagiert, wenn seine Aktion auf der Torlinie Erfolg gehabt hätte?
7. Welche Rolle spielt der Zeitpunkt des Vorfalls (Zeile 29) innerhalb der Spielzeit für eine Beurteilung des Verhaltens? (vgl. Text 6)
8. Worauf gründet sich das Unbehagen der Richter? (vgl. Zeile 93–105)

19 Wettkampfziele werden durch Motivation, Sachautorität (Trainer, Verein, Verband) und weitere Erwartungen der Umwelt gesetzt. Sportregeln und Schiedsrichter mit entsprechend zur Verfügung stehenden Sanktionen stecken zunächst die legitimen Mittel und Wege zur Zielerreichung ab. Erfolg und Zielerfüllung lassen sich
5 direkt an den erreichten Ergebnissen ablesen; gleichzeitig vermitteln subjektive Einschätzung der erreichten Ergebnisse, Berichterstattung und sonstige Reaktionen der Umwelt weitere Rückmeldungen über sportlichen Erfolg oder Niederlage. Damit ist der Wettkampfsportler einem hohen Leistungsdruck ausgesetzt. Zugleich ist die Normierung der legitimen Mittel durch den erlaubten Einsatz kämpferischen Verhal-
10 tens, durch mangelnde Kontrolle und die nur selektive Aufmerksamkeit des Schiedsrichters usw. relativ brüchig. Aus all dem ergibt sich schließlich: Die Norm, nur bestimmte Möglichkeiten als erlaubt zu betrachten, wird von Wettkampfsportlern potentiell nicht in ausreichendem Maß internalisiert. Da die sozialen Kontrollen in Form von Sportregeln zugleich ein gerüttelt Maß an körperlichem Einsatz und Gewalt
15 erlauben, erweisen sich Sanktionen und Strafandrohungen letztlich als relativ wirkungslos. Die äußeren sozialen Kontrollen verleiten den Sportler daher eher zu einem opportunistischen Normverständnis, zu einer Einstellung des ,,Sich nicht Erwischenlassen".
Die formelle Struktur des konkurrenzorientierten Kampfsports beruht auf Leistungs-
20 und Erfolgskriterien. Richtet sich dabei die Aufmerksamkeit überwiegend auf den sportlichen Erfolg und Wettbewerbsausgang, so erfahren die legitimen Mittel eine geringere Beachtung; sie werden zweitrangig gegenüber dem Ziel. Wenn also im Wettkampfsport – aus welchen Gründen auch immer – ,,der Erfolg als ‚das Spiel gewinnen' und nicht als ‚nach den Spielregeln gewinnen' definiert wird" (5a), dann
25 bieten sich gewalttätige und aggressive Akte als zwar illegitime, aber effiziente Mittel an.
Klaus Prenner

Erläuterungen

3 **Sanktionen:** positive (Belohnung) oder negative (Strafe) Reaktion auf ein Verhalten
10 **selektiv:** lat. auswählend
13 **internalisiert:** von internalisieren, = verinnerlichen, freiwillig als Verhaltensnorm akzeptieren

24 Anm. 5a: Merton, R. K.: Sozialstruktur und Anomie. – in: F. Sack u. R. König: Kriminalsoziologie, Frankfurt 1968

---

1. Welches Spannungsfeld wird im Text für den aktiv Sporttreibenden aufgezeigt?
2. Was unterstellt der Text im Hinblick auf ,,gewalttätige und aggressive Akte" und um welche Art von Aggression handelt es sich? (vgl. Text 5)
3. Womit werden die positiven Folgen eines solchen Verhaltens erklärt?
4. Wodurch wird nach Ihrer Meinung verhindert, daß ein solches Verhalten sich ungehemmt ausbreitet?
5. Vergleichen Sie die Kennzeichnung des Wettkampfsports durch Prenner mit Ihrem eigenen Sportverständnis.

Im folgenden soll nunmehr von einer Personengruppe die Rede sein, welche zwar nicht unmittelbar am Wettkampf beteiligt ist, deren Verhalten jedoch das eigentliche sportliche Geschehen sehr stark beeinflussen kann. Auch für diese Gruppe wird der Veranstalter verantwortlich gemacht, weil man auch hier mit aggressivem Verhalten rechnet.

Auszug aus der Fußball-Spielordnung

20 § 11
Allgemeine Pflichten der Vereine

1. Alle Vereine sind verpflichtet, für ein sportliches Verhalten ihrer Mitglieder und Anhänger vor, während und nach den Spielen Sorge zu tragen.
2. Der Platzverein hat dem Gastverein, dem Schiedsrichter und den Linienrichtern eine einwandfreie Gelegenheit zum Umkleiden zu bieten sowie dafür Sorge zu tragen, daß den Spielern eine angemessene Waschgelegenheit zur Verfügung steht. Der Umkleideraum muß sicher verschließbar sein oder vom Platzverein während des Spieles überwacht werden.
3. Der Platzverein ist für Ordnung und Ruhe auf dem Platz vor, während und nach dem Spiel verantwortlich. Er hat eine ausreichende Anzahl von Platzordnern zu stellen, die durch Armbinden kenntlich gemacht sein müssen.
4. Besteht die Gefahr, daß der Gastverein oder der Schiedsrichter und die Linienrichter auf dem Heimwege belästigt werden, so hat der Platzverein für den notwendigen Schutz zu sorgen.
5. Alle Ausschreitungen anläßlich eines Spieles sind schärfstens zu ahnden. Als Strafmaßnahmen kommen in Betracht:
   a) Bestrafung der Schuldigen;
   b) Bestrafung der beteiligten Vereine;
   c) Platzsperre.
   Diese Strafen können nebeneinander und auch zusätzlich mit Geldstrafen verhängt werden.
6. Während der Zeit einer Platzsperre hat der Verein alle Spiele auf einem von der spielleitenden Stelle zu bestimmenden neutralen Platz auszutragen. Die Spiele gelten entsprechend der Ausschreibung als Heimspiele. Als neutraler Platz gilt in der Regel nur ein Platz, der etwa 30 km von dem gesperrten Platz entfernt liegt. Jedoch bleibt es der spielleitenden Stelle (zuständiger Ausschuß), vor allen Dingen bei Bezirks- und Kreisklassenvereinen, überlassen, diese Grenze zu unterschreiten, wenn dies durch die örtlichen Verhältnisse bedingt ist.
   Eine Platzsperre gilt nur dann als verbüßt, wenn das Spiel zwei volle Halbzeiten gedauert hat.
7. Bei jedem Spiel ist der Platzverein verpflichtet, einen Sanitäter, zumindest aber ausreichendes Verbandszeug zu stellen.

*1. Welche Personengruppen werden im Text unterschieden und auf welche Gruppe hat der Gastverein unmittelbaren Einfluß?
2. Erläutern Sie die Begriffe: ,,sportliches Verhalten", ,,einwandfreie Gelegenheit zum Umkleiden", ,,angemessene Waschgelegenheit", ,,notwendigen Schutz" usw.
3. Erläutern Sie den logischen Zusammenhang von 5a) und 5b). Bei welcher Angabe handelt es sich im engeren Sinne um eine ,,Strafmaßnahme"?
4. Nennen Sie Maßnahmen, mit deren Hilfe die Vereine z. B. bei ,,großen" Fußballspielen versuchen, den ,,Allgemeinen Pflichten der Vereine" nachzukommen (vgl. Abb. 1).*

Wie der graphische Entwurf zeigt, traut man den Mitteln, welche den Vereinen zur Verfügung stehen, doch nicht allzuviel zu, wenn es um die Sicherheit von Menschen geht. Trotz der satirischen Wirkung des Schildes spricht der Graphiker einen ernst zu nehmenden Sachverhalt an. Die Situation, auf die er die Anwendung seines Schildes bezieht, unterscheidet sich von einem ,,normalen Spiel" durch gewisse Besonderheiten. In den vorhergehenden Kapiteln wurde dargestellt, wodurch gerade diese Situationen mit sehr viel Hoffnung auf positives menschliches Verhalten, aber auch mit sehr vielen Befürchtungen im Hinblick auf das Wirksamwerden von Aggressivität sich auszeichnen können.

21 Wegen der ,,zunehmenden Brutalisierung des Fußballsports" entwarf ein Düsseldorfer Graphik-Studio zur Fußball-Weltmeisterschaft zwei Schilder, die als Aufkleber oder Plakate vor enthemmten Zuschauern warnen sollen.

*1. Worin besteht die Besonderheit von Weltmeisterschaften im Hinblick auf die sozialpsychologische Analyse der Situation?
2. Warum ist das Schild als Verkehrsschild gestaltet und wer wird hier vor wem gewarnt?
3. Überprüfen Sie im Rückgriff auf Lorenz (Text II, 2) die Erwartungen, welche an internationale sportliche Begegnungen geknüpft werden, und beziehen Sie auch die Gesichtspunkte ,,Leistungserwartung und Überforderung" Volkamer (Text 6) und die Äußerungen von Vetten (Text 12) mit ein.*

II. Sportrecht und Sporthaftungsrecht

22

Staatsanwälte und Richter lernen Fußball-Regeln

München — 35 Richter von Amts- bis Oberlandesgerichten und mehrere Staatsanwälte sollen in einem Lehrgang am 4. und 5. Mai in München in die wichtigsten Fußballregeln eingeführt werden. Anlaß für diese ungewöhnliche Veranstaltung sind zwei Prozesse, die gegen Amateurspieler angestrengt wurden. Den Fußballern war vorgeworfen worden, Gegenspieler vorsätzlich verletzt zu haben. Die Krankenkassen weigerten sich, für den Schaden aufzukommen, so daß es zu einer Gerichtsverhandlung kam, bei denen die jeweiligen Richter wegen ihrer Regelunkenntnis überfordert waren. **(sid)**

23

Folgen eines Fouls

Augsburg — Für den Fußballspieler Bernd König (TSV Schwabmünchen) hatte ein Foulspiel böse Folgen. Die Erste Zivilkammer des Landgerichts Augsburg verurteilte den Spieler zu einer Schadenersatz-Zahlung in Höhe von 32 758,65 Mark. Sein Kontrahent Erich Landgraf (TSV Bobingen) erlitt infolge des Fouls einen komplizierten Schien- und Wadenbeinbruch. Er wurde sechsmal operiert, konnte seinen Beruf nicht mehr ausüben und mußte umgeschult werden.

Die Betriebskrankenkasse Landgrafs, die in der Zwischenzeit — der Unfall ereignete sich vor drei Jahren — die Kosten übernommen hatte, klagte die Summe nun mit Erfolg vor Gericht ein. Ausschlaggebend für das Urteil war, daß der Schiedsrichter damals auf gefährliches Spiel erkannt hatte. **(sid)**

---

1. Welcher Zusammenhang besteht zwischen Text 22 und Text 23?
2. Wer wird als Kläger, wer als Beklagter genannt?
3. Mit welcher Begründung wird eine Sportverletzung Gegenstand einer Gerichtsverhandlung?
4. Welche Möglichkeiten hat ein Gericht noch, um die fehlende Sachkompetenz (z. B. in der Medizin) des Richters bzw. des Staatsanwaltes und der Schöffen auszugleichen?
5. Welche Bedeutung kann die Regelkenntnis für die Urteilsfindung haben?
6. Warum wird der Lehrgang als „ungewöhnliche Veranstaltung" bezeichnet?
7. Wer trägt normalerweise die Kosten eines Sportunfalles: a) in der Schule?, b) im Verein?
8. Mit welcher Begründung wurde der Spieler König verurteilt?
9. Vergleichen Sie die Begründungen in Text 22 und 23! Welche Begründung finden Sie im Regelwerk des Fußballspiels?
10. In welchem Bereich ist das Wort „vorsätzlich" ein Terminus?
11. Warum wird nicht jedes Foul Gegenstand einer Gerichtsverhandlung?

24 A. *Sportverletzungen und ihre rechtlichen Folgen*

Es ist durchaus nicht ungewöhnlich, daß ein Sportler bei der Sportausübung verletzt wird. Manche Sportarten (z. B. Boxen) sehen den körperlichen Angriff auf den Gegner direkt vor, andere (z. B. Eishockey, Ringen, Judo, Fußball) gestatten die
5 körperliche Einwirkung und bergen deshalb Gefahrenmomente in sich, die Ursachen einer Verletzung werden können. Im folgenden sollen derartige Auswirkungen der Sportausübung dahin gehend betrachtet werden, ob ihre Verursachung nach den geltenden gesetzlichen Bestimmungen der Deutschen Demokratischen Republik eine zivilrechtliche oder strafrechtliche Verantwortlichkeit nach sich zieht und inwie-
10 weit die Vorschriften über die arbeitsrechtliche materielle Verantwortlichkeit Platz greifen. Dabei wird unter der Sportverletzung eine schädigende Einwirkung auf den Körper oder die Gesundheit verstanden, die an einen einmaligen, zeitlich begrenzten Vorgang, den Sportunfall, gebunden ist.
Sportverletzungen sind, ob nun vermeidbar oder unvermeidlich, stets unerwünschte
15 Begleiterscheinungen der Sportausübung. Ihr Eintritt wirkt sich in der Regel sowohl für die Sportgemeinschaft, deren Mitglied der Betroffene ist, als auch für diesen selbst nachteilig aus. Die Sportgemeinschaft kann auf den verletzten Sportler zumindest vorübergehend nicht mehr zurückgreifen, und dessen sportliche Entwicklung wird unterbrochen. Materiell gesehen, erfordert die Sportverletzung, wie jede andere
20 Verletzung oder Krankheit auch, ärztliche Hilfe sowie finanzielle Leistungen der Versicherung, um die Gesundheit des Betroffenen wiederherzustellen und ihn seiner beruflichen Tätigkeit wieder zuzuführen. Daß man die damit verbundenen Nachteile und den notwendigen materiellen Aufwand allgemein zu vermeiden sucht, liegt auf der Hand. Bei diesen Bemühungen kommt den zivilrechtlichen, strafrechtlichen und
25 arbeitsrechtlichen Schutzvorschriften eine besondere Bedeutung zu, weil sie jede rechtswidrige schuldhafte Schadensverursachung als den gesellschaftlichen Zielen und Interessen zuwiderlaufend erklären. Sie statuieren für Angriffe auf Leben, Körper und Gesundheit bestimmte Sanktionen und tragen so eine Verhütenswirkung in sich, die geeignet ist, die prospektive Verhütungsforderung zu unterstützen.
30 Jeglicher Sportausübung liegt das ethische Prinzip des ,,fair play" zugrunde. Das macht es in gewissem Sinn problematisch, Sportverletzungen mit rechtlichen Grundsätzen zu messen. Und so zeigt auch der erste Anschein, daß die Sportverletzung nicht eo ipso der typische Fall eines Zivil- oder Strafprozesses oder einer arbeitsrechtlichen Streitigkeit ist. Daß ihre Herbeiführung aber trotzdem zu einer zivilrechtli-
35 chen, strafrechtlichen oder arbeitsrechtlichen Verantwortlichkeit führen kann, wird im folgenden darzulegen sein.

Herbert Vetterlein

---

1. Nennen Sie Beispiele für ,,körperliche Angriffe" und ,,körperliche Einwirkungen". Ordnen Sie die Beispiele nach Sportarten.
2. Wie wird im Text eine ,,Sportverletzung" definiert? Welche Gesichtspunkte spielen hierbei noch keine Rolle?
3. Welche Arten von Verantwortlichkeit werden genannt?

4. Welche Funktion wird den gesetzlichen Schutzvorschriften zugeschrieben und wie verhalten sie sich zur Funktion des ethischen Prinzips des „Fair play"?
5. Diskutieren Sie die Auffassung im Text Zeile 30–32.

Im nachfolgenden Text sollen einige Termini, wie sie bei Vetterlein definiert sind, vorgestellt werden.

Im vorhergehenden Text werden drei Arten von Verantwortlichkeit unterschieden, deren Vorliegen bei einer Sportverletzung zu überprüfen ist. Dabei soll hier die *arbeitsrechtliche Verantwortlichkeit* außer Betracht bleiben.

Unter *zivilrechtlicher Verantwortlichkeit* versteht man allgemein die rechtliche Verpflichtung, für einen herbeigeführten Schaden aufkommen zu müssen. Unter dem Gesichtspunkt der *strafrechtlichen Verantwortlichkeit* ist zu prüfen, ob derjenige, der einen anderen bei der Sportausübung körperlich schädigt, einen strafrechtlichen Tatbestand verwirklicht, d. h. ob seine Tat als gesellschaftsschädlich anzusehen ist. Ob eine Untersuchung des Tatbestandes überhaupt erfolgen kann, hängt auch vom Charakter der Sportart ab. Bei den sogenannten *Gemeinschaftssportarten*, wie z. B. Schwimmen oder Leichtathletik, gehört der körperliche Angriff auf den Gegner *nicht* eigentlich zum Wesen der Sportart. Wird bei diesen Sportarten jemand durch einen körperlichen Angriff verletzt, so kann zugunsten des Täters nicht argumentiert werden, daß eine *Einwilligung des Verletzten* vorgelegen habe. Von einer solchen Einwilligung, sei sie stillschweigend oder durch entsprechendes Verhalten erfolgt, ist dann auszugehen, wenn es sich bei der betreffenden Sportart um eine *Kampfsportart*, wie z. B. Boxen oder Rugby, handelt, bei welchen der körperliche Angriff auf den Gegner ein Mittel zur Erringung des Sieges ist. Aber auch bei diesen Sportarten kommt eine rechtliche Würdigung dann in Frage, wenn eindeutig eine *Überschreitung der Wettkampfregeln* vorliegt, z. B. ein Tiefschlag beim Boxen. Allerdings läßt gerade das Beispiel des Tiefschlages beim Boxen die Problematik einer Beurteilung sichtbar werden. In der Hitze des Kampfes oder bei mangelhaftem technischem Können kann ein solcher Tiefschlag durchaus vorkommen. Hier ist jeweils zu klären, ob *Fahrlässigkeit* oder *Vorsatz* vorgelegen haben. Bei der fahrlässigen Körperverletzung wird noch die *grobe Fahrlässigkeit* unterschieden. In beiden Fällen ist die Verletzung als Resultat des Handelns *nicht* gewolltes Ziel des Handelnden. Bei der vorsätzlichen Körperverletzung erfolgt das Handeln in der Absicht, den Gegner zu schädigen. Allerdings sei nochmals darauf hingewiesen, daß ein vorsätzliches Handeln dann ohne rechtliche Konsequenzen bleiben muß, wenn eine Einwilligung des Verletzten vorliegt und die Wettkampfregeln beachtet wurden.

1. Welche Aufgaben und Absichten haben die abgebildeten Personen?
2. In welche Gruppe gehört die Sportart, aus der die Abbildung eine Szene zeigt? Legen Sie für die Zuordnung die Einteilung von Vetterlein zugrunde.
3. Handelt es sich bei den Aktiven um ein beobachtbares aggressives Verhalten?
4. Welche Überlegungen sind anläßlich einer Verletzung anzustellen, welche die Kämpfer einander zufügen?
5. Welche Rolle würde der Ringrichter in einem Strafprozeß spielen?

25 Perspektivität der Definitionen
Man kann die Aggression aus der Sicht des Aggressors oder aus der des Opfers heraus definieren. Im ersten Fall ist der Wille zu schädigen entscheidend, im zweiten das Erlebnis der Verletzung, Beeinträchtigung. Vorerst aber sollen Definitionsversuche aus der Sicht des Beobachters angeführt werden, denn nur sie vermögen den Ansprüchen einer wissenschaftlichen Position zu genügen, die als *operationalistisch-behavioristisch* bezeichnet wird. Nur eine Definition vom Standpunkt des Beobachters aus kann zugleich eine intersubjektiv eindeutige, immer wieder anwendbare Handlungsweisung enthalten, die daher das Prädikat ,,objektiv'' verdient und die sich nicht in der *Phänomenologie* des Wollenden oder Leidenden verliert. So jedenfalls kann man es in einem ersten Entwurf sehen, ehe die Subjektivität sich einer näheren, kritischen Analyse gestellt hat. Die ,,Einheit der Aggression'' soll vorläufig nicht in Frage gestellt werden, obzwar gerade diese Einheit eine Menge von Schwierigkeiten und Unklarheiten bedingt. [. . .]

Objektivistische Definitionsversuche
BUSS (1961) definiert Aggression als eine Reaktion, die einem anderen Organismus Schaden zufügt. Ganz ähnlich KARSTEN (1963), die unter Aggression jede Handlung versteht, durch die eine andere Person oder auch ein Gegenstand geschädigt oder zerstört wird. SELG (1968) vermißt an derartigen Definitionsversuchen die mangelnde Einbeziehung des Phantasieverhaltens und (als Ziel) von Organismussurrogaten (aus Gründen experimenteller Operationalisierungen, die noch zu schildern sind) und betont ferner die ethische Neutralität der Aggression in seiner Definition: ,,Eine Aggression besteht in einem gegen einen Organismus oder ein Organismussurrogat gerichteten Austeilen schädigender Reize.'' ,,Schädigen'' meint beschädigen, verletzen, zerstören und vernichten, es impliziert aber auch wie iniuriam facere oder to injure schmerzzufügende, störende, Ärger erregende und beleidigende Verhaltensweisen, welche der direkten Verhaltensbeobachtung schwerer zugänglich sind. Eine Aggression kann offen (körperlich, verbal) oder verdeckt (phantasiert – und dann verbal berichtet) sein, sie kann positiv (von der Kultur gebilligt) oder negativ (mißbilligt) sein.

Kritik an diesen Versuchen
Die offensichtliche Schwierigkeit solcher ,,objektiven'' Definitionen liegt in der Tatsache, daß sie nicht eigentlich Verhalten definieren, sondern Handlungen. Es heißt nicht: Kontraktion der Unterarmmuskulatur, Beugen des Zeigefingers und damit Abziehen des Hahns an einem Gewehr, sondern ,,schießen''. Es werden Klassen von Handlungen zusammengestellt, über die zwischen Beobachtern Einigkeit bestehen soll, wenngleich dies in den allerseltensten Fällen auch wirklich überprüft wird. Wo ist der Unterschied zwischen spielerischem Balgen und ernsthaftem Ringkampf? Beim Beobachten von kindlichen Aggressionen ist bei diesem Beispiel nur sehr schwer eine Übereinstimmung unter den Beobachtern zu erzielen. Immer schon fließt in die Beobachtung eine Deutung des Beobachters ein und macht so den objektivistischen Ansatz zunichte. Einen Nagel mit dem Hammer in einen Tisch schlagen, um damit die

Platte wieder fester mit einem Bein zu verbinden, gilt „selbstverständlich" nicht als Aggression, das gleiche Nageleinschlagen aber in einem Beobachtungsplan (LISCH-
45 KE 1969) als „Aggression gegen Sachen", wenn kein konstruktiver Zweck vom Beobachter unterstellt wird. Da in diesen Definitionen von einer Schädigung eines Organismus oder einer Sache durch das Verhalten des Aggressors ausgegangen wird, ist ein Boxhieb, der den Kopf des Opfers knapp verfehlt, keine „körperliche Aggression". Ein Schimpfen in einer fremden Sprache, die vom Beschimpften nicht
50 verstanden wird, keine verbale. Andererseits ist ein Axthieb, der ganz „zufällig" den Finger eines Helfers statt das Holz trifft, „aggressiv". *Gottfried Lischke*

Erläuterungen
7 **operationalistisch – behavioristisch**
operationalistisch: vgl. Text 6, Erl. 65/66
behavioristisch: Adj. zu Behaviorismus, amerikanische Richtung der Sozialpsychologie, die sich bei ihren Aussagen streng auf exakt beobachtbare Phänomene beschränken will

10 **Phänomenologie:** griech. Lehre von der Wesenserscheinung der Dinge, Wissenschaft von der Wesensschau, *hier:* subjektives Empfinden von etwas im Gegensatz zum objektiv Beobachteten
20 **Organismussurrogat:** Organismusersatz

---

1. Welche Perspektiven für eine Definition der Aggression sind im Text aufgeführt, und wie werden sie bewertet?
2. Welche Definitionsversuche werden unterschieden? Versuchen Sie für die verschiedenen Arten Beispiele anzugeben.
3. Welche Fälle führt Lischke bei wissenschaftlichen Untersuchungen der Aggression an, um die Problematik eines „objektivistischen" (Zeile 40–42) Ansatzes zu verdeutlichen?
4. Erarbeiten Sie eine Aufstellung, in der Sie die psychologischen Begriffe den juristischen gegenüberstellen.
5. In einer Gerichtsverhandlung hat das Gericht bestimmte Fragen für die Beurteilung eines Falles zu klären, bei dem ein Sportler durch einen anderen verletzt wurde. Welchen Stellenwert hat dabei die Registrierung einer aggressiven Handlung durch einen Beobachter, und welche Perspektiven sind außerdem noch von Bedeutung?

26 Als aktiver Sportler oder auch als Zuschauer wird man bei der Einschätzung von Wettspielen gerade im Kampfsport immer wieder zu der Feststellung gelangen, daß kaum ein Wettkampf ausgetragen wird, in dessen Verlauf es nicht zu Regelüberschreitungen kommt. Die oftmals ausgesprochenen Ermahnungen und Verwarnungen des Ringrichters beim Boxsport, die Übertretungen der Regeln beim 5
Fußballspiel, die zu einem Strafstoß oder Freistoß führen, die Regelüberschreitungen beim Eishockey, auf Grund deren das Spiel vom Schiedsrichter unterbrochen wird, und ähnliche Begebenheiten zeigen, daß gerade im Kampfsport die Regeln nicht immer exakt eingehalten werden. Dieses Faktum aber muß bei der Bestimmung der erforderlichen Sorgfalt Berücksichtigung finden. Es dürfen nicht nur die Wettkampf- 10
und Spielregeln zugrunde gelegt worden, sondern es sind auch die Umstände zu bedenken, die sich allgemein aus der Sportausübung ergeben. Die Dynamik des Sportgeschehens, die Schnelligkeit des Spiels, der körperliche Einsatz, die „Hitze des Gefechtes" wie auch die sportlichen Fertigkeiten müssen in Betracht gezogen werden, und erst aus dieser umfassenden Sicht läßt sich die erforderliche Sorgfalt, die 15
der einzelne Sportler aufzuwenden hat, ableiten. Daraus ergibt sich, daß an die erforderliche Sorgfalt, vor allem bei der Ausübung einer Kampfsportart, keine zu strengen Anforderungen gestellt werden können. Anderenfalls könnte das eine Vielzahl von Schadenersatzprozessen zur Folge haben; ein Ergebnis, das für den die Verletzung verursachenden Sportler ebenso unerfreulich wäre wie für die Bereitschaft 20
breiter Bevölkerungskreise, Sport zu treiben. Es würde die unausbleibliche Folge einer solchen Bewertung sein, daß das Interesse der aktiven Sportler an der Ausübung des Sportes zurückgeht, gerade was den Kampfsport anbelangt. Das aber wäre eine Auswirkung, die im Hinblick auf die intensive Unterstützung des Sportes durch den Staat in der sozialistischen Gesellschaft und seinen prophylaktischen Wert 25
im Rahmen der Gesundheitsförderung in keiner Hinsicht zu billigen ist.
Zusammenfassend kann für die Kampfsportarten festgestellt werden, daß die Einwilligung allen Körperverletzungen, die unter Einhaltung der Sportregeln zugefügt werden, die Rechtswidrigkeit nimmt. Dasselbe gilt hinsichtlich der Verletzungen, die kausal aus dem Sportgeschehen hervorgehen und sich zufällig ereignen. Herbert Vetterlein 30

---

1. Welche Grundhaltung nimmt der Verfasser des Textes ein, und was will er mit seinen Ausführungen erreichen?
2. Was wird im Text unter „Regeln" verstanden, wenn von „Regelüberschreitungen" die Rede ist?
3. Welche Schlußfolgerungen werden aus der Tatsache gezogen, daß Regelüberschreitungen häufig in Kampfsportarten vorkommen?
4. Was verstehen Sie unter „erforderlicher Sorgfalt"?
5. Erläutern Sie die in Zeile 12–16 angegebenen Gesichtspunkte an konkreten Beispielen!

III. Der Fairneß-Gedanke im Sport

Der folgende Auszug aus dem Sportwissenschaftlichen Lexikon gibt unter dem Stichwort „Fairneß" eine Anzahl von Erklärungen, welche durch die Verweise und die Verwendung einer Terminologie verschiedener wissenschaftlicher Disziplinen dem Verständnis Schwierigkeiten entgegensetzen. Als Hilfe sind sie nur nützlich, wenn man ein Lexikon handhaben kann und weiß, wie eine weitergehende Erarbeitung der in stark verkürzter Form gemachten Angaben zu geschehen hat.

27

Fairneß *(fairness)*
[4.14] Der in eigenartiger inhaltlicher Unbestimmtheit schillernde und oft in negativer Fassung (unfair!) gebrauchte Begriff erfaßt als Sollensvorschrift ein → *Verhalten*, dem sittliche Relevanz zugesprochen wird.

Man kann unterscheiden zwischen einem *formellen Fair play*, weitgehend verstanden als → *Internalisierung* der kodifizierten bzw. generell akzeptierten Verhaltensnormen (→ *Spielregel*), und einem *informellen Fair play*, das als generelle sittliche Haltung im Sport aufzufassen ist und an allgem. ethische Leitbilder anknüpft.

Neben der Beachtung der Spielregeln gehört zum *Fair play* z. B. die Akzeptierung der lediglich simulierten bzw. begrenzten Kampfsituation im Wett„streit" und der damit verbundenen Wertschätzung des Gegners als „Partner", die Wahrung der Chancengleichheit, der redliche Einsatz der eigenen Möglichkeiten und ein sozial akzeptiertes Verhalten als Sieger bzw. Unterlegener (→ *Assoziation*).

F. erstreckt sich vornehmlich auf ein Verhalten zum Wettkampfgegner in einer Wettkampfsituation (→ *Wettkampf*). Bei einer Interpretation des Sports als einer ritualisierten Form des Kämpfens erscheint F. als die Leistung, die Ritualisierung auch in einer stark aggressionsauslösenden Reizsituation (→ *Aggression*) aufrechtzuerhalten (→ *Ritualismus*).

Lit.: *Keating, J. W. (1964), Sportsmanship as a Moral Category, in: Ethics, 75, 25—35. — Kirchner, R. (1927), Fair Play. Sport, Spiel und Geist in England, Frankfurt/M. — Kuchler, W. (1969), Sportethos, München. — Lenk, H. (1964), Werte, Ziele, Wirklichkeit der modernen Olympischen Spiele, Schorndorf. — Wischmann, B. (1962), Die Fairneß, Frankfurt/M.*

Fair play → *Fairneß*

---

1. Suchen Sie die Verweisungen auf andere Stichworte des Lexikons heraus und schlagen Sie diese nach.
2. Schreiben Sie eine Liste aller Fremdwörter heraus, die Sie nicht kennen. Erschließen Sie die Bedeutung mit Hilfe von Fachlexika.
3. Im Text werden zwei Formen des Fair play unterschieden. Erörtern Sie, welche Form für eine Verwendung des Begriffs im außersportlichen Bereich von Bedeutung ist.
4. Grenzen Sie die Funktion von Wettkampfregeln und Fairneß-Denken hinsichtlich der Eindämmung aggressiven Verhaltens im Sport voneinander ab.

Am Beispiel des Berufungsverfahrens (Text 18) wird sichtbar, welche Schwierigkeiten mit dem Versuch verbunden sind, das Verhalten der am Sport Beteiligten durch formale Vorschriften zu regeln. Abgesehen von der Unmöglichkeit, allgemein und dennoch präzise Regeln zu formulieren, erfordert das Vertrauen auf ein solches Verfahren auch eine Vielzahl von Überwachungsfunktionen. In der konkreten Spielsituation aber zeigt sich, daß etwa ein Schiedsrichter nicht jeden Verstoß wahrnehmen kann (vgl. Text 19).

28 *VDS-Fair-play-Trophäe an englischen „Rad-Vierer"*

Der Verband Deutsche Sportpresse (VDS) hat die „Fair-play-Trophäe Eugen Wagener", mit der alljährlich ein Sportler oder ein Team für eine bemerkenswerte sportliche Haltung geehrt wird, 1973 dem englischen Vize-Weltmeister in der Mannschaftsverfolgung der Radamateure auf der Bahn und seinem Trainer zuerkannt. 5
Die Engländer erhalten den Pokal für ihr beispielhaftes Verhalten am 28. August 1973 in San Sebastian. An diesem Montagabend lag der Bahn-Vierer der Bundesrepublik bei den Radweltmeisterschaften im Finale der Mannschaftsverfolgung ausgangs der Zielkurve gut 60 Meter vor den schon resignierenden Engländern. Doch das Ziel erreichte er nicht. 10
Ein Bahnordner (schon dabei, die Innenmarkierungen einzusammeln und das deutsche Team nicht beachtend) stand plötzlich auf der Bahn. Hans Lutz und Günther Schuhmacher rasten in dieses nicht einkalkulierbare Hindernis hinein, Günther Haritz und Peter Vonhof stürzten mit ihnen und über sie, zur gleichen Zeit, da das englische Team die Ziellinie überfuhr. 15
Während Schuhmacher und Lutz auf dem Weg ins Krankenhaus waren, Haritz und Vonhof – mit leichteren Verletzungen davongekommen – leichenblaß und fast teilnahmslos in der Halle saßen, erklärten die Kommissäre – den Regeln entsprechend – Großbritannien zum Weltmeister.
Nicht erst bei dem einsetzenden Protest des spanischen Publikums, sondern schon 20
unmittelbar nach Beendigung des Rennens hatten die Engländer spontan betont: Die Deutschen sind die Weltmeister, ihnen gehören die Goldmedaillen, die wir in keinem Fall annehmen werden.
Sie und ihr Trainer haben mit dieser Aussage der Jury d'appel später die Entscheidung erleichtert oder gar ermöglicht: 1. BRD, 2. Großbritannien. 25

---

1. Wie wird die erste Entscheidung der Kommissäre begründet, und welche Reaktionen ruft sie hervor?
2. Wie ist die Haltung des englischen Teams und die der Zuschauer zu erklären?
3. Welchen Einfluß kann die Haltung des englischen Teams auf die Entscheidung der Jury d'appel gehabt haben?
4. Welche Alternativen wären bei der Entscheidung der Jury d'appel denkbar, und wie wären sie zu begründen?

5. Welche Absicht verfolgt der Verband Deutsche Sportpresse mit der Verleihung der Fair-play-Trophäe?

Im letzten Absatz des Lexikon-Artikels wird von einer bestimmten Art der Interpretation sportlicher Wettkämpfe her der Begriff der Fairneß im Zusammenhang mit dem Begriff der Ritualisierung gebraucht. Dieser Begriff ist bereits im Kapitel A in Verbindung mit der vergleichenden Verhaltensforschung erwähnt worden. Dort wird bei Tieren ein Verhalten als ritualisiert bezeichnet, welches aggressionshemmend wirkt. Die Verwendung dieses Begriffes ist hier nicht ganz unproblematisch. Die als Inhalte des formellen Teils des Fair play angesprochenen Spielregeln sind als Ergebnis einer Übereinkunft zu betrachten, die eine verstandesmäßige Leistung des Menschen darstellen. Auch unter dem mehr informellen Aspekt ist die menschliche Haltung, welche als Fairneß bezeichnet wird, durchaus auch als eine bewußt aufgenommene und an den Tag gelegte anzusehen.

Während der Lexikon-Artikel versucht, für die Definition den Begriff in ein Beziehungsgefüge hineinzustellen, geht der folgende Text etwas anders vor.

29 Dagegen sprechen viele Gesichtspunkte dafür, daß die Fairneß im Sport ein eigenständiger und auch ein spezifisch englischer Begriff ist, der erst im 17. Jahrhundert entstand. Er kann in seiner Eigenart nur dann ganz verstanden werden, wenn man die Einstellung des Engländers zum Kampf begreift, die sich grundsätzlich
5 von der ritterlichen unterscheidet. Auch in diesem Abschnitt habe ich mich bemüht, die Ergebnisse hauptsächlich aus strenger Quelleninterpretation zu gewinnen. Ich konnte dabei häufig auf Kloeren und Indorf zurückzugreifen, die ein umfangreiches Material erschlossen haben. Quellen seit dem 17. Jahrhundert offenbaren mehrfachen Gebrauch des Wortes *fair play* bzw. *foul play*. In einigen bezieht es sich auf
10 einen konkreten Sachverhalt, nämlich auf die Gleichheit oder Ungleichheit etwa der Waffe und auf die Einzelregeln in der Ausführung des Kampfes, in anderen auf eine prinzipielle Einstellung des Kämpfenden zum Kampf. Damit erscheint der Begriff sowohl im besonderen als auch im allgemeinen Geltung zu haben, sein Anwendungsgebiet umfassend zu sein, ohne daß er in seiner Qualität dem ersten Blick klar
15 durchschaubar wäre.

Gleichheit: Die Forderung nach Gleichheit ist für die Fairneß von Anfang an charakteristisch. Fair wird ausgesagt vom Verhalten des Kämpfenden und vom Kampf, jedoch nicht von den Gegenständen und Umständen, wozu neben Waffen auch die Mittel zum Schutz, äußere Gegebenheiten des Ortes und des zeitlichen Ablaufs zu rechnen
20 sind. Diese Gegenstände und Umstände sind an sich wertindifferent, ein Schwert kann als solches weder *fair* noch *unfair* sein. Es wird in dieser Hinsicht erst dann von Wichtigkeit, wenn seine Beschaffenheit in bezug auf seine Funktion geprüft und mit

der Waffe des Gegners verglichen wird. Es gilt die Forderung nach unbedingter Gleichheit der Mittel, derer sich die Gegner zu bedienen haben. Diese Mittel haben dienenden, keinen Eigenwert, sie sind austauschbar, jedoch nur zu gleichen Teilen. Die Gleichheit der Bedingungen muß genau beachtet werden. Wer sich einen äußeren Vorteil verschafft, verliert an persönlicher Würde und kann durch die Regel und vom Publikum bestraft werden. *Foul-play*-Situationen sind klar definierbar und liegen in jedem Fall außerhalb der Regel. – Schon jetzt zeigt sich, daß – gegenüber dem Glücksspiel – der Ausgang des sportlichen Kampfes nicht am launischen Glück, sondern wesentlich an den Fähigkeiten hängt. *Fairneß* hemmt also nicht mehr, sondern soll die Fähigkeiten beider Gegner durch Ausschaltung von Ungleichheit und Imponderabilien zur Geltung kommen lassen.

Das Moment der Freiheit: Das Fair play steht in einem engen Zusammenhang mit der Freiheit des Spiels und Wettkampfes. Es gewährleistet diese Freiheit, da es das Verbot jedes außerhalb des Spiels liegenden Zweckes enthält. Es verhilft dem Spiel zu seiner Erfüllung und sichert seinen Ablauf.

Daraus ergibt sich eine bedingte ethische Bedeutung. Fair play ist eine moralische Forderung, aber nicht von allgemeiner Art, sondern nur in dem Bezirk, in dem gespielt werden soll, denn es verhindert eine Zerstörung des dort geltenden Gesetzes. Das Fair play kann allgemein moralische Forderungen, die für den Menschen außerhalb dieses Bezirks gelten, außer Kraft setzen, wenn diese den inneren Gesetzen widersprechen. Das Fair play garantiert die Freiheit von jedem außerhalb liegenden Anspruch, es sei denn, er stimmt mit den im abgegrenzten Bereich gültigen Regeln überein.

Das Problem der Übertragbarkeit: Gemäß unserer Auffassung des Fair play kann eine Übertragung dieses Begriffs nur erfolgen, wenn ihm seine eigentümliche existentielle Verbindung mit dem Spiel nicht genommen wird. Er kann also nur in Verhältnisse übertragen werden, in denen die Gesetze des Spiels gültig sind. Wer ihn also zu einem Moralbegriff aufwerten will, der das Zusammenleben innerhalb der modernen Gesellschaft regeln will, muß erwägen, ob dieses Zusammenleben im Sinne des Spiels erfolgen kann. Es ist eine hohe Forderung an den Menschen, sein Leben als Mitglied der Gesellschaft zu spielen; es ist die Forderung, das Gesetz des Stärkeren endgültig aufzugeben. Diese ist die Voraussetzung dafür, daß Fair play überhaupt stattfinden kann.

Irrig ist aber auch die Auffassung, die Fairneß sei ein Begriff „einfacher Sittlichkeit". Bollnows Schema (vgl. Einfache Sittlichkeit, 1957), das Werte der „hohen Welt der Ideale" und der „einfachen Sittlichkeit" unterscheidet, kann diesen Begriff nicht aufnehmen. Denn die Anständigkeit, ein Wert der „einfachen Sittlichkeit", ist nicht, wie Bollnow es glaubt, mit der Fairneß vergleichbar.

Zwar kennzeichnen beide Werte den Menschen nicht als solchen, „wie man ihn etwa als klug, begabt, bedeutend, fromm, stark usw. bezeichnen könnte", aber die Fairneß ist darum nicht wie die Anständigkeit eine aristotelische Tugend der Mitte. Der Begriff „Anständigkeit" bezieht sich auf das Verhältnis des Menschen zu anderen Menschen in allen denkbaren Situationen, der Begriff „Fairneß" dagegen auf das Verhältnis des

Spielers zum Mitspieler und Gegenspieler und darüber hinaus auf das Verhältnis des Spielers zum Spiel.
Fairneß ist nicht ein mittleres, ein „einfach menschliches", allerdings auch kein von der Regel oder einer absoluten moralischen Norm bestimmtes Betragen. Die eigentümliche Qualität des Begriffes liegt darin, daß er ohne eine Verbindung zu den inneren Gesetzen des Spiels nicht leben kann, daß er von dorther seinen Sinn erhält. Im Hinblick auf das Spiel ist Fairneß ein Betragen, das auf ein Einverständnis mit diesen inneren Gesetzen des Spiels hindeutet und das Spiel fördert, Unfairneß aber ist ein Zeichen für mangelndes Verstehen des Spiels, mangelnde Bereitschaft, auf außerhalb gelegene Zwecke zu verzichten und die „Freiheit", „innere Unendlichkeit" und „Schönheit" des Spiels zu erleben; Unfairneß stört oder zerstört das Spiel.
Unter dem Gesichtspunkt ihrer existentiellen Verbundenheit mit dem Phänomen des Spiels ist die Fairneß als Begriff von klarem und bestimmtem Gehalt.

Eike Jost

1. Welche Methode wendet der Verfasser des Textes an, um Wesensmerkmale des Begriffes zu erarbeiten?
2. Welche Strukturelemente der Fairneß werden genannt?
3. Auf welchen Wirklichkeitsbereich wird die Verwendung des Begriffes beschränkt? Welche Gründe werden dafür genannt?
4. Worin stimmt der Text von Jost mit dem Lexikon-Artikel überein? Welche Gesichtspunkte werden nur in einem Text angesprochen?

30 Zu den geistig-sittlichen Werten, die den Leibesübungen innewohnen und sie über die technische Übung der Körperertüchtigung emporheben, gehört die Fairneß. Als Ausdruck eines später noch näher zu bestimmenden „anständigen" Verhaltens spielt sie eine besondere Rolle im Wettkampfsport, in dem die Leistungen zu einem beherrschenden Element geworden sind. In enger Verbindung steht sie auch zur „Einhaltung von Regeln", und schließlich verlangt der Geist der Fairneß, daß beim Kämpfen, Unterliegen oder beim Überflügeln des anderen ein ethisches Ziel angestrebt wird. Die Fairneß pflegen heißt, dem Sport seine guten Sitten erhalten.
Mit der Pflege der Fairneß – so will uns scheinen – hat der Sport der modernen industriellen Gesellschaft gegenüber einen sehr wichtigen Auftrag zu erfüllen, nachdem diese weitgehend vom Wettkampf- und Leistungsgedanken beherrscht wird, der eine faire kämpferische Haltung voraussetzt. Im Sport wie im Berufsleben stoßen wir auf das gleiche agonale Prinzip, das Versuchungen heraufbeschwört, Regeln und Gesetze zur Verhinderung „unlauteren Wettbewerbs" erforderlich macht und ohne das sittliche Fundament der Fairneß nicht auskommt. Im Vorgriff auf spätere Ausführungen möchten wir hier bereits andeuten, daß die Fairneß mehr bedeutet als eine bloße Einhaltung von Regeln. Eine besondere Rolle kommt ihr zu in den Lücken, die Spielregeln und Gesetze offenlassen und die nach eigenem sittlichen Empfinden ausgefüllt werden müssen.

Zum pädagogischen Anliegen eines wertgehaltenen Sports gehört zwangsläufig das 20
Bemühen, Menschen im Geiste der Fairneß zu erziehen, der nicht nur Mensch und
Mitmensch, sondern auch Gruppen, Rassen und Nationen einander näherbringt. Der
Geist der Fairneß sollte daher nicht nur im Sportler, sondern in allen Menschen
entwickelt werden. [. . .]
Es wird heute oft als ein Beispiel für faires Verhalten hingestellt, wenn ein Schieds- 25
richter sich bemüht, weder die eine noch die andere Partei in der Verfolgung und
Wahrung ihrer Interessen zu begünstigen. Dieser Auffassung können wir jedoch nicht
zustimmen. Der Schiedsrichter hat die Ansprüche der Regeln zu vertreten. Er muß
unparteiisch und gerecht sein. Begünstigt oder benachteiligt er eine Partei, so ist er
parteiisch und ungerecht. [. . .] 30
Der Schiedsrichter ist gerecht, wenn er sich an die Regel hält. Er kann im äußersten
Fall der Vorteilsregel Geltung verschaffen. Während der Gerechte aber in jedem Fall
nur das zubilligen kann und darf, was dem anderen nach der Regel zusteht, kann der
Faire weit über die Regel hinausgehen. Dieses wurde uns klar, als wir uns überlegten,
auf welche Weise sich dieses Wort noch weiter aufschließen ließe, wie wir noch weiter 35
zu seinem tieferen Wesenskern vorzudringen vermöchten. Wir fertigten uns eine
Skizze an, die von einer Nullinie als Spielregel durchzogen wurde. Unterhalb dieser
Linie fiel die Tiefe der Unfairneß ab, die zu Verlogenheit, Roheit und Niederträchtigkeit
hinführte, über dem Strich erhob sich die Höhe der Fairneß. Hierbei machten wir nun
die Entdeckung, daß eigentlich nur der wahrhaft fair ist, der mehr tut, als er formell 40
nach der Spielregel zu tun gezwungen ist. Der Feldherr, der mitten in der Schlacht
eine Pause gestattete, um Tote und Verwundete zu bergen, der Fußballspieler, der
nicht aufs Tor schoß, weil der gegnerische Torwart vor ihm lag, der Politiker, der
seinen Gegner nach der Wahl beglückwünschte, der Ruderer, der mit einem Vorteil
nicht zum Kampf antreten wollte, sie alle hielten sich nicht kleinlich an die Spielregel, 45
sondern taten mehr, als es die starre Einhaltung einer Spielregel verlangte. Ihre
Haltung wurde durch eine sittliche Vorschrift bestimmt, die von ihnen das in ihnen
vorhandene Höchstmaß an Großmut verlangte. *Berno Wischmann*

Erläuterungen
13 **agonal:** griech. dem Wettkampf zugehörig, wettkämpferisch

---

*1. Wie grenzt Wischmann voneinander ab: a) Leibesübungen – Körperertüchtigung,
b) Fairneß – Gerechtigkeit. Erörtern Sie in diesem Zusammenhang die Frage, ob ein
Schiedsrichter fair sein kann (vgl. Zeile 25ff.) und ziehen Sie den folgenden Text zur
Beantwortung mit heran.
2. In welcher Beziehung stehen nach Wischmann Fairneß und Regeln zueinander?
3. Woraus ergibt sich eine Aufgabe der Fairneß im Zusammenhang mit der modernen
industriellen Gesellschaft? Konkretisieren Sie das im Text Gemeinte.
4. Nehmen Sie Stellung zu der Aussage Wischmanns in Zeile 20–24, der Geist der
Fairneß solle in allen Menschen entwickelt werden. Welche Konsequenz ergäbe sich*

aus der Annahme, Sport sei das ideale Übungsfeld und der alleinige Lernort für faires Verhalten?
5. Nehmen Sie Stellung zu den Beispielen für faires Verhalten, die im Text aufgeführt sind. Was verstehen Sie unter einem Vorteil, z. B. beim Rudern oder Skilaufen (Aspekt der Materialüberlegenheit)? Geben Sie andere Beispiele an und beschreiben Sie die Verhältnisse im Leistungssport aus Ihrer Sicht.
6. Vergleichen Sie den Fairneß-Begriff bei Wischmann mit dem von Jost.

31 *Das olympische Gelöbnis der Teilnehmer*
Im Namen aller Wettkämpfer gelobe ich, daß wir in fairem Wettstreit an den Olympischen Spielen teilnehmen und die für sie geltenden Regeln achten und befolgen werden, im Geiste sportlicher Fairneß, zum Ruhme des Sports und zur Ehre unserer Mannschaften.

32 *Das olympische Gelöbnis der Kampfrichter*
Im Namen aller Kampfrichter und Offiziellen gelobe ich, daß wir bei diesen Olympischen Spielen unsere Aufgabe völlig unparteiisch unter Beachtung der für die Spiele geltenden Regeln und im Geiste sportlicher Fairneß erfüllen werden.

IV. Statements

33 Die Einsicht in die Ursachenketten unseres eigenen Verhaltens kann unserer Vernunft und Moral tatsächlich die Macht verleihen, dort lenkend einzugreifen, wo der kategorische Imperativ, auf sich allein gestellt, hoffnungslos scheitert.
Konrad Lorenz

34 Auszeichnung vor den Mitspielern, Anerkennung durch den Lehrer, gute Zensuren sind häufig Erwartungen, die an das Spiel geknüpft werden können und die schon frühzeitig die echte Spielhaltung gefährden und damit auch den Sinn- und Erlebnischarakter des Spiels.
Jürgen Hilmer

35 Echte Situationen, die ganzmenschliche Aktion und Reaktion, ganzmenschliches impulsives, das heißt auch triebgesteuertes Handeln herauslocken und herausfordern, ergeben sich naturgemäß verstärkt in den Kampfspielen, deren Regelwerk eine körperliche Berührung gestatten. [. . .] Der Verfasser hält das Boxen – eine elementare und besondere Vollzugsform des Kämpfens – im Rahmen der Leibeserziehung für einen harten, aber deshalb auch gut geeigneten Prüfstein.
Hans Söll

36 Das Kampfritual sollte so sein, besonders im Anfangsstadium der Triebformung, daß auch ohne bewußte Selbstbeherrschung bei unbeschränktem Einsatz aller physischen und technischen Mittel eine Schädigung des Partners von selbst ausgeschlossen ist.
Georg Baldewein

37 Der Wettkampf stellt eine Situation dar, in der aggressive Triebe sublimiert oder abreagiert werden können – und darin liegt die pädagogische Aufgabe und Möglichkeit der Leibeserziehung; andererseits bietet diese Situation auch Anlaß dafür, unter dem überfordernden und frustrierenden Druck einer Niederlage ein bereits erreichtes Sublimationsniveau wieder aufzugeben und in primitivere Verhaltensformen zurückzufallen.
Meinhard Volkamer

38 Je weniger Angst ein Individuum verspürt, je sicherer es sich fühlt, desto seltener wird es in Situationen geraten, in denen es sich vorbeugend-aggressiv zu verhalten gezwungen sieht. Aus dem gleichen Grund sollen auch Wettstreit und Konkurrenz als Quellen von Angst, Frustration und Aggression in allen Lebensbereichen soweit wie möglich ausgeschaltet werden. [. . .] Sicherlich gibt es auch harmlose Formen von Wettkampf, insbesondere sportlichem, die, wenn sie als Spiel und nach Regeln betrieben werden, ohne weiteres akzeptiert werden können.
Ernst Fürntratt

39 Im Sport erweckt das Spiel die Anspannung aus sich selber zur Anstrengung eines Leistungswillens, die den Gegner als Spielpartner ernst nimmt. Wer in diesem Geist zu spielen gelernt hat, hilft auch dem Sportgegner zum Spielen, wie die Olympischen Spiele der Alten zur Friedlichkeit halfen.
Oskar Hammelsbeck

40 Aus dieser Analyse ergeben sich für eine Aggressionspädagogik im Sport folgende Konsequenzen: Es müssen Strategien entwickelt werden, die es zum einen ermöglichen, die Hintergründe aggressiven Verhaltens bewußter Erfahrung zugänglich zu machen. [. . .] Zum anderen müssen die Strukturen im Sport so gestaltet werden, daß Alternativen gefunden und ausprobiert werden können, damit Abgrenzung und Abhebung von Bestehendem möglich wird.
Dagmar Bauer/Christa Kleindienst

41 Die Quintessenz unserer Überlegungen wäre also, daß es nicht darum geht, Aggression zu unterdrücken, sondern daß wir lernen müssen, bewußter und angstfreier mit ihr umzugehen.
Alexander Mitscherlich

42 Gelingt es im Sportunterricht, aufkommende Erregungszustände frühzeitig zu erkennen und zu steuern, so ist damit die Möglichkeit gegeben, aggressive Phänomene und ihre Auswirkungen im Sport zu verringern im Sinne eines umfassenden humanitären, pädagogischen Ziels.
Sigurd Baumann

Quellenverzeichnis

1. Dollard, J. u. a.:
   Frustration und Aggression. Julius Beltz Verlag, Weinheim 1971, S. 9, 10, 112, 103, 104, 105 (Textauszug – TA –, Originalanmerkungen ausgespart – OA –)
2. Lorenz, K.:
   Das sogenannte Böse. Zur Naturgeschichte der Aggression. Borotha-Schoeler, Wien 1963, S. 41–43, 60–62, 352–357 (TA)
3. Bandura, A./Walters, R. H.:
   Der Erwerb aggressiver Verhaltensweisen durch soziales Lernen. In: Schmidt-Mummendey, A. (Hrsg.): Aggressives Verhalten. Neue Ergebnisse der psychologischen Forschung. Juventa Verlag, München 1971, S. 110–114 (TA)
4. Moyer, K. E.:
   Die Physiologie der Aggression. In: Psychologie heute 1 (1974) 3. Julius Beltz Verlag, Weinheim, S. 17, 18, 20, 55 (TA)
5. Volkamer, M.:
   Sport als aggressives Verhalten – aggressives Verhalten im Sport. In: Die Leibeserziehung 21 (1972) 12. Karl Hofmann Verlag, Schorndorf, S. 409–413 (TA, OA)
6. Volkamer, M.:
   Zur Aggressivität in konkurrenzorientierten sozialen Systemen. In: Sportwissenschaft 1 (1971) 1. Karl Hofmann Verlag, Schorndorf, S. 33–37, 60, 61 (TA, OA)
7. Lenk, H.:
   Maximale Leistung trotz inneren Konflikten. In: Kölner Zeitschrift für Soziologie und Sozialpsychologie 18 (1966) Sonderheft 10. Westdeutscher Verlag, Düsseldorf, S. 168–172 (TA)
8. Adam, K.:
   Leistung – Leistungssport – Leistungsgesellschaft. In: Buchmann, K. E. (Protokollant): Loccumer Protokolle 9/1970, S. 95 (TA)
9. Plessner, H.:
   Spiel und Sport. In: Plessner, H. u. a. (Hrsg.): Sport und Leibeserziehung. Piper-Verlag, München 1970, S. 23–24 (TA)
10. Wiemann, K.:
    Die Phylogenese des menschlichen Verhaltens im Hinblick auf die Entwicklung sportlicher Betätigung. In: Ueberhorst, H.: Geschichte der Leibesübungen. Verlag Bartels & Wernitz, Berlin 1972. Bd. I, S. 48–63 (TA)
11. Plack, A.:
    Vermeintlich harmlose Formen der Aggression. In: Plack, A. (Hrsg.): Der Mythos vom Aggressionstrieb. List Verlag, München 1973, S. 218–221 (TA)
12. Vetten, H.:
    Schlachtfeld Stadion. In: Stern 1974/26, S. 26 (TA)
13. Schmidbauer, W.:
    Sport und Aggression. In: Grube, F. Richter, J. (Hrsg.): Fußballweltmeisterschaft 1974. Hoffmann u. Campe, Hamburg 1974, S. 210–212 (TA)
14. Willmann-Institut (Hrsg.):
    Lexikon der Pädagogik. Herder Verlag, Freiburg – Basel – Wien 1970

15. Satzung und Ordnungen des Westdeutschen Fußballverbandes e. V. Ausgabe September 1972 (TA)
16. Satzung und Ordnungen des Westdeutschen Fußballverbandes e. V. Ausgabe September 1972 (TA)
17. Satzung und Ordnungen des Westdeutschen Fußballverbandes e. V. Ausgabe September 1972 (TA)
18. Aus den Akten des Westdeutschen Fußballverbandes e. V. Duisburg
19. Prenner, K.:
Aggressivität und Gewalt im Sport. In: Die Leibeserziehung 21 (1972) 10, S. 340–341 (TA)
20. Satzung und Ordnungen des Westdeutschen Fußballverbandes e. V. Ausgabe September 1972 (TA)
21. Schilderentwurf:
In: Der Spiegel 28 (1974) 7
22. Rheinische Post vom 13. Februar 1973
23. Neuß-Grevenbroicher-Zeitung vom 23. 6. 1973
24. Vetterlein, H.:
Die rechtliche Verantwortlichkeit bei Sportverletzungen und die Sportunfallversicherung. In: Sportmedizinische Schriftenreihe 2. Barth Verlag, Leipzig 1968, S. 51 (TA)
25. Lischke, G.:
Aggression und Aggressionsbewältigung. Alber, Freiburg 1972, S. 23–25 (TA)
26. Vetterlein, H.:
a. a. O., S. 63 (TA)
27. Röthig, P. (Red.):
Sportwissenschaftliches Lexikon. 2. Aufl. Karl Hofmann Verlag, Schorndorf 1973 (TA)
28. Der Sportjournalist 24 (1974) 3
29. Jost, E.:
Beiträge zum Begriff „Fairneß". In: Die Leibeserziehung 16 (1967) 3, S. 70–77 (TA)
30. Wischmann, B.:
Leistungssport – ein Mittel zur Selbsterziehung. Verlag Bartels & Wernitz, Berlin 1971, S. 30, 51 (TA)
31. In: sid – Olympia-Ausgabe, 26. 8. 1972
32. In: a. a. O.
33. Lorenz, K.:
Das sogenannte Böse. Zur Naturgeschichte der Aggression. Wien 1963, S. 355 (TA)
34. Hilmer, J.:
Grundzüge einer pädagogischen Theorie der Bewegungsspiele. Hermann Schroedel Verlag, Hannover 1969, S. 116 (TA)
35. Söll, H.:
Boxen in der Leibeserziehung – Niedergang oder Aufgabe und Chance? In: Die Leibeserziehung 18 (1969) 2, S. 53 (TA)

36. Baldewein, G.:
Aggression und Partnerschaft. In: Die Leibeserziehung 18 (1969) 2, S. 54 f. (TA)
37. Volkamer, M.:
Zur Psychologie des Wettkampfes. In: Die Leibeserziehung 19 (1970) 12, S. 403 (TA)
38. Fürntratt, E.:
Psychologie der Aggression. Ursachen und Formen aggressiven Verhaltens. In: Betrifft: Erziehung 1972/5, Julius Beltz Verlag, Weinheim, S. 33 (TA)
39. Hammelsbeck, O.:
Die Bedeutung von Sport und Spiel für die moderne Gesellschaft. In: Plessner, H. u. a.: Sport und Leibeserziehung. München 1967, S. 82 (TA)
40. Bauer, D./Kleindienst, C.:
Die gekonnte Aggressivität – Möglichkeit der Sozialisation im Sport? In: Sozialisation im Sport. Kongreßbericht. Karl Hofmann Verlag, Schorndorf 1974, S. 113 (TA)
41. Mitscherlich, A.:
Aggression als individuelles und gesellschaftliches Schicksal. In: Mitscherlich, A.: Massenpsychologie ohne Ressentiments, Suhrkamp Verlag, Frankfurt 1972, S. 162 (TA)
42. Baumann, S.:
Aggression und Sport. Unveröffentlichtes Manuskript, S. 24

Abbildungsnachweis

Abb. 1/2/3: Horstmüller, Presse-Bilderdienst, Düsseldorf

Sport – Sekundarstufe II

Schülerbücher für den nach Sportarten differenzierten
Unterricht in der Sekundarstufe II

Herausgegeben von Rolf Geßmann und
Helmut Zimmermann unter Mitwirkung von Helmut Weiß

54621	Volleyball	54628	Gerätturnen Jungen
54660	Arbeitsblätter für Volleyballspieler	54629	Gerätturnen Mädchen
		54630	Schwimmen
54622	Handball	54631	Leichtathletik
54623	Fußball	54632	Gymnastik/Tanz
54624	Basketball	54634	Rudern
54625	Hockey	54635	Fechten
54626	Tischtennis	54636	Judo
54627	Tennis	54637	Badminton

Die Notwendigkeit von schriftlichen Unterrichtsmaterialien für den sportpraktischen Unterricht in der Sekundarstufe II ist begründet durch

- die Einsicht, daß motorisches Lernen durch Bewußtmachung und Rationalisierung des sportlichen Vollzugs positiv beeinflußt werden kann,
- die für den Oberstufensport geforderte, langfristige stoffliche Erweiterung und Vertiefung, wobei der Sicherung des Lernerfolgs – vor allem auch der sportartspezifischen Kenntnisse – eine besondere Bedeutung zukommt,
- die Forderung, daß der Schüler zum „Sporttreiben in eigener Regie" (vor allem über die Schulzeit hinaus) befähigt und motiviert werden soll und ihm hierzu geeignete Hilfen an die Hand zu geben sind.

Zum Band „Volleyball" sind Arbeitsblätter, Beobachtungsbogen zur Überprüfung und Partnerkontrolle bei technischen Fertigkeiten (6 verschiedene Blocks in einer Lieferung) erschienen.